«Es más fácil obtener lo
que se quiere con una
sonrisa que con la punta
de una espada.»

W. Shakespeare

Soft Skills

CONVENCER Y PERSUADIR

23 estrategias para que los demás quieran hacer lo que tú quieres que hagan

MARCOS ÁLVAREZ

«El liderazgo es conseguir que otra persona haga algo que tu quieras que haga porque quiera hacerlo.»

Dwight Eisenhower

Todos los derechos reservados

© Marcos Álvarez, 2024
© Profit Editorial I., S.L., 2024

Diseño de cubierta: XicArt
Maquetación: www.soniaymas.com

ISBN: 978-84-19841-88-9
Depósito legal: B 16-2024
Primera edición: Abril de 2024

Impresión: Gráficas Rey
Impreso en España / *Printed in Spain*

Índice

Iconos usados en este libro 10

Presentación 11

1. Descubre tu propio cerebro 13
2. Crea buenas impresiones 17
3. Maneja el lenguaje inconsciente 23
4. Mantén siempre una actitud positiva 29
5. Sonríe ¡por favor! 35
6. Comunica con todos los sentidos 41
7. Habla para que te escuchen 47
8. Haz que se sientan bien 51
9. Sintoniza con los demás 55
10. Cuenta buenas historias 61
11. Capta su atención 67
12. Sácale partido a las palabras 73
13. Dilo en positivo 77
14. Explica el porqué 81
15. Inspira a tus seguidores 85
16. Da para recibir 89
17. Dalo por hecho 93
18. Consigue el sí 99
19. Genera compromisos 103
20. Presenta unos buenos números 107
21. Dirige la conversación 113
22. Transmite seguridad 117
23. Presenta como Steve Jobs 121

Sobre el autor 126

«Puedes conseguir
todo lo que quieras en la vida
ayudando a los demás a
conseguir lo que quieren.»

ZIG ZIGLAR

ICONOS USADOS EN ESTE LIBRO

 Listas. Con la información sintetizada y ordenada.

 Sugerencias, ideas... Al final de cada capítulo se proponen tres.

 Este icono señala en el texto un ejercicio o práctica.

 Soluciones o estrategias casi mágicas.

 Herramientas para mejorar sus habilidades.

 Historias o anécdotas que pueden ayudar a entender lo explicado.

Presentación

Imagina que tienes el poder de conseguir todo aquello que te propongas en la vida. Aunque fueras "el genio de la lámpara", estoy seguro de que necesitarías de la colaboración de otras personas para lograr tus metas. Incluso las personas más poderosas del mundo necesitan hacer uso de la persuasión para dirigir y guiar a otros mediante el uso del lenguaje (verbal y no verbal) para que adopten una determinada forma de pensar y de actuar.

Cuenta Esopo en una de sus célebres fábulas, que en una ocasión se produjo una discusión entre Bóreas (el viento del norte) y Helios (el sol) para decidir cuál de los dos era el más fuerte. Entonces observaron que pasaba un viajero envuelto en una capa y acordaron que aquel que primero pudiera obligar al viajero a que se quitara la capa sería considerado el más fuerte. Entonces Bóreas comenzó a soplar con enorme furia, pero cuanto más soplaba, más agarraba su capa el viajero e incluso se puso otro manto por encima... Finalmente, Bóreas desistió. Entonces Helios brilló con moderación, hasta que el hombre se quitó el vestido que llevaba de más, y luego aumentó aún más sus rayos hasta que el hombre no pudo soportarlo y se desnudó para ir a bañarse al río. A menudo, la persuasión es mejor método que la fuerza para conseguir los objetivos.

Para convencer a otros y lograr que te sigan, que compren tus productos, que acepten tus peticiones o sugerencias, es necesario que, además de un buen uso del lenguaje, logres que las personas pasen a la acción en la dirección que tú les has indicado. Después de casi veinte años trabajando diariamente con miles de vendedores y tras haber tenido la oportunidad de conocer a grandes líderes y empresarios, he logrado identificar algunos de los mejores secretos de los maestros del arte de la persuasión y quiero compartirlos contigo:

- **Han de comprarte a ti** antes que a tus ideas, productos, servicios...
- Trata a los demás no como quieres que te traten a ti sino **como quieren que les traten a ellos.**
- Tomamos la mayoría de las decisiones de manera **emocional y poco racional.**
- A las personas no les interesan tus productos, servicios o ideas; les interesa (o no) **el resultado** que obtendrán a través de ellos.

En tus manos tienes un libro práctico y fácil de comprender, con las mejores estrategias para transmitir tus ideas de forma que los demás las perciban de forma positiva y consigas su apoyo de forma automática. Haciendo uso de este manual podrás conseguir:

→ **Mejorar tus relaciones personales** y conectar con las personas desde el primer momento.

→ Transmitir propuestas de manera **irresistible.**

→ Conseguir que tus mensajes **destaquen** por encima de los demás.

→ Incrementar **tu carisma y tu poder de influencia.**

Si quieres lograr todo esto, solo tienes que pasar página y seguir leyendo. ¿A qué estás esperando?

01

___

Descubre tu propio cerebro

«En nuestra cabeza conviven un cocodrilo, un caballo y un ser humano y nuestras decisiones las toman entre los tres.»

Paul MacLean

El neurocientífico estadounidense Paul MacLean desarrolló la teoría del cerebro triuno en la cual señala que nuestro cerebro está formado por tres capas que se han ido agregando durante la evolución del ser humano:

- **Reptil:** semejante al cerebro de los reptiles (de aquí su nombre). Desarrollado hace unos 500 millones de años. Su función principal es la supervivencia y la reproducción y, en razón de ello, atiende a aquellas conductas automáticas, actividades rutinarias y de carácter imprescindibles para la vida como la respiración, el ritmo cardíaco, etc. Es fundamental en la vida instintiva y trabaja bajo un sistema binario donde huir o pelear son las únicas variables posibles.
- **Límbico:** comienza a desarrollarse hace más de 60 millones de años y está presente también en todos los mamíferos primitivos. Es responsable de todo lo vinculado a lo emocional. Aquí se aloja el amor, el odio, la felicidad, el placer; el dolor, la tristeza, etc.
- **Neocórtex:** es el que nos diferencia del resto de los animales. Es el responsable de la racionalidad simbólica, la capacidad intelectual, análisis, intuición, creatividad, conciencia, lenguaje verbal, etc.

Ante una situación de riesgo de vida, la parte reptil del cerebro evalúa rápidamente y decide si quedarse a luchar o huir, ante lo cual resulta casi imposible oponer el sentimiento o la lógica; ante una cuestión que dispare las emociones el cerebro límbico dominará, y cuando las condiciones lo requieran y haya el tiempo necesario, el neocórtex hará su trabajo en los complicados procesos interpretativos.

La importancia de conocer la estructura del cerebro reside en que el 95% de las decisiones se toman en el cerebro reptil y en el límbico. Como saben muy bien los expertos en publicidad, la persuasión comienza por conquistar la parte emotiva del cerebro de la otra persona a través de los mensajes que le enviamos. Muchos vendedores cuando quieren vender pasan directamente a enumerar características y ventajas de sus productos y toda esa información va dirigida al neocórtex, que es la parte que realiza el análisis, pero si no consiguen estimular al cerebro límbico del cliente, evitando previamente la respuesta de ataque o huida de su cerebro reptil, no conseguirán cerrar la venta. Luego, el primer objetivo para persuadir debe ser abrir relaciones.

 En 1967, el profesor emérito de la universidad de UCLA Albert Mehrabian publicó los resultados de sus experimentos sobre la comunicación humana donde encontró que, en ciertas situaciones en las que se habla sobre sentimientos y actitudes, solo el 7 por ciento de la información se atribuye a las palabras, mientras que el 38 por ciento se atribuye a la voz y el 55 por ciento al lenguaje corporal (gestos, posturas, movimientos de los ojos, cuerpo, etc.). Por tanto, en tu comunicación es tan importante o más lo que dices como la forma en la que lo dices. También se ha demostrado que los seres humanos somos altamente capaces para descubrir la incoherencia entre el mensaje verbal y el no verbal y eso limita la confianza entre las personas.

 Teniendo en cuenta lo anterior, debes seguir estas pautas para aumentar tu nivel de persuasión:

→ **Crea mensajes emotivos:** un mensaje que conquiste a la razón debe pasar siempre antes por el filtro de la emoción.

→ **Transmite confianza:** nadie creerá en una idea o un producto en el que tú no crees. El convencimiento propio y el entusiasmo son dos de las mejores herramientas para convencer a otros.

→ **Sé congruente en tus mensajes:** cuida el qué y el cómo lo dices y transmite coherencia entre tu lenguaje verbal y el no verbal.

—

02

—

**Crea buenas
impresiones**

«No tendrás una segunda oportunidad de causar una buena primera impresión.»

ANÓNIMO

Diversos estudios demuestran que son suficientes unos pocos segundos para empezar a formarse una primera impresión sobre una persona y que esa primera impresión puede resultar determinante en la relación posterior que tengamos con ella. En uno de estos estudios, los doctores Nalini Ambady y Robert Rosenthal, de la Universidad de Harvard, llevaron a cabo un experimento en el que pidieron a varios grupos de estudiantes que evaluaran a diferentes profesores en quince facetas relacionadas con su desempeño a través del visionado de vídeos sin sonido en el que aparecían impartiendo sus clases. Concluyeron que los rasgos resaltables de los profesores se definían, a priori, en los dos primeros segundos de su intervención.

Además, estos rasgos resaltables coincidían con las evaluaciones de otros estudiantes que habían acudido a las clases de los mismos profesores durante un semestre completo. El lenguaje del cuerpo —posturas, gestos y expresiones— transmite multitud de mensajes antes incluso de que comiences a hablar y compartir tus argumentos. A través del cuerpo transmites de manera inconsciente tus pensamientos y tus sentimientos a los demás. También les haces llegar si lo que dices de palabra y lo que expresa tu cuerpo es o no congruente.

Una falta de coherencia entre habla y cuerpo genera confusión y desconfianza en la persona que te está escuchando.

Haciendo una primera clasificación del lenguaje a partir de los mensajes que transmites a través de tu cuerpo podríamos dividirlo en:

- **Lenguaje abierto:** incluye las manos abiertas y a la vista, los brazos y piernas sin cruzar y la ausencia de movimientos bruscos. De manera simbólica se transmite que tu corazón está abierto a las otras personas y tu apertura a las sugerencias del otro.
- **Lenguaje cerrado:** trasladas una actitud defensiva ocultando tu corazón, cruzando brazos y piernas y trasladando ansiedad, frustración o desconfianza a través de

—

tus gestos. Suelen utilizarse, en este caso, movimientos bruscos y, en muchas ocasiones, descontrolados.

La mayoría de las veces utilizas estos gestos sin darte cuenta porque operan de manera inconsciente, pero la persona que tienes delante dispone de la habilidad para detectarlos, también de manera inconsciente, afectando directamente al resultado de vuestra conversación.

Además de los gestos y movimientos, también es importante la posición que ocupas en el espacio y la distancia que te separa de las personas. La **proxémica** (según la definición de *Wikipedia*) se dedica al estudio de la organización del espacio en la comunicación lingüística; más concretamente, la proxémica estudia las relaciones —de proximidad, de alejamiento, etc.— entre las personas y los objetos durante la interacción, las posturas adoptadas y la existencia o ausencia de contacto físico. El antropólogo Edward T. Hall describió las distancias medibles entre las personas mientras éstas interactúan entre sí y notó que la distancia social entre la gente, está generalmente correlacionada con la distancia física y describía cuatro diferentes tipos de distancia:

- **Distancia íntima:** entre 15 y 45 centímetros. Las personas tienen mucha confianza y en algunos casos estarán emocionalmente unidas, pues la comunicación se realizará a través de la mirada, el tacto y el sonido. Es la zona de los amigos, parejas, familia, etc.
- **Distancia personal:** entre 46 y 120 centímetros. Estas distancias se dan en la oficina, reuniones, asambleas, fiestas, conversaciones amistosas o de trabajo. Si estiramos el brazo, llegamos a tocar a la persona con la que estamos manteniendo la conversación.
- **Distancia social:** entre 120 y 360 centímetros. Es la distancia que nos separa de los extraños. Se utiliza con las personas con quienes no tenemos ninguna relación amistosa, la gente que no se conoce bien.

- **Distancia pública:** más de 360 centímetros. Es la distancia idónea para dirigirse a un grupo de personas. El tono de voz es alto y esta distancia es la que se utiliza en las conferencias, coloquios o charlas.

El valor de estas distancias dependerá también de la cultura —en las culturas latinas las distancias suelen ser inferiores mientras que en las nórdicas suelen ser mayores— y de otros factores como la posición social o el sexo. Debes tener en cuenta que quedarse demasiado lejos o invadir la zona de otra persona pueden ser desencadenantes de una comunicación poco fructífera.

El tema del lenguaje no verbal me parece apasionante. Si estás interesado en ello te sugiero la lectura del libro *El lenguaje del cuerpo*, de Allan y Barbara Pease, en el que encontrarás cientos de ejemplos de todo lo que puedes llegar a comunicar a través de tu cuerpo y cómo leer las reacciones de tus mensajes en el cuerpo de otras personas. En cualquier caso y con relación a los gestos y movimientos que observes en otras personas te recomiendo que los analices dentro de un conjunto; no interpretes gestos en otras personas de manera aislada porque puedes llegar a conclusiones erróneas.

Especial interés tiene el lenguaje de los gestos a través de las manos. Seguro que conoces personas que no paran de mover sus manos mientras hablan. Recuerdo de mis años trabajando con compañeros italianos la cantidad de gestos y mensajes que podían trasladar únicamente haciendo uso de sus manos. En muchas ocasiones, las conversaciones comienzan y terminan con un apretón de manos. El origen de este saludo proviene de la Edad Media, cuando los caballeros se daban la mano contraria al lugar donde llevaban la espada, que solía ir colgada a la izquierda. Al ofrecer esa mano el contrincante se aseguraba de que éste no iba a sacar la espada de repente para atacarlo.

—

¿Cómo dar un buen apretón de manos? El apretón debe ser vertical, ya que poner la mano en posición horizontal sobre la palma de la otra persona indica dominancia o agresividad. En cambio, una palma debajo de la mano del otro demuestra falta de confianza o timidez. Mantén el contacto visual con la otra persona durante el apretón de manos, saluda verbalmente y sonríe cordialmente. La duración puede depender de la cultura o de la confianza, ya que con personas conocidas los apretones suelen tener mayor duración. Si no conoces a la otra persona y tomas la iniciativa al dar la mano, le demostrarás confianza.

En resumen, éstos son tres buenos consejos que te permitirán causar una excelente impresión desde el primer momento:

→ **Muestra un lenguaje corporal abierto:** tus gestos hablan antes que tus palabras. Generarás apertura eliminando barreras entre tu corazón y el de tu interlocutor (brazos cruzados, ordenador, objetos...).

→ **Consigue que haya congruencia entre lo que dicen tus labios y lo que expresa el resto de tu cuerpo:** ante la duda, se fiarán más de tu lenguaje no verbal porque es mucho más difícil de controlar por parte de la persona que trata de mantener una postura no del todo verdadera.

→ **Envía señales amistosas:** puedes trasladar mensajes de confianza a la otra persona a través de tu lenguaje corporal y del saludo.

03

Maneja el lenguaje inconsciente

«La palabra es un poderoso
soberano que con un
pequeñísimo y muy invisible
cuerpo realiza empresas
absolutamente divinas.»

GORGIAS, EN *EL ELOGIO DE HELENA*

Para muchos autores, la Programación Neurolingüística (PNL) está considerada como el estudio de la excelencia humana, ya que está formada por una serie de herramientas útiles para el desarrollo personal a través del modelado de los procesos funcionales humanos y la excelencia en general. Para construir este modelo de procesamiento y conducta, Richard Bandler y John Grinder estudiaron y se inspiraron en los trabajos de autores como Gregory Bateson (cibernética), Milton Erikson (hipnosis terapéutica), Fritz Perls (terapia Gestalt) o Virginia Satir (terapia familiar).

La PNL describe la forma en la que usamos nuestra mente y el sistema nervioso para comunicar nuestros pensamientos a través del lenguaje (verbal y no verbal). La mayor parte del tiempo esta comunicación se realiza a partir de una serie de hábitos o programas que tenemos firmemente fijados en nuestra mente. Estos programas se han ido creando de manera inconsciente a partir de numerosas experiencias pasadas e interacciones con las personas y fuentes de nuestro entorno (familia, amigos, profesores, libros, medios de comunicación...). El objetivo de la PNL es tomar el control consciente de estos programas y usarlos de forma que aumente nuestra productividad y nos posibilite la mejora de los resultados.

Manejar algunos fundamentos de la PNL te ayudará a la hora de persuadir y convencer a las personas de tu entorno. De entre los presupuestos de la PNL he seleccionado un par que es importante que tengas en cuenta:

- **Es imposible "no comunicar":** ya has visto en el capítulo anterior que transmitimos mucha más información a través de nuestro lenguaje no verbal que a través de las palabras. Muchas veces el silencio habla mucho más alto que las propias palabras. Tenlo en cuenta también en tu caso en relación con los mensajes –conscientes o inconscientes– que envías. Incluso cuando no dices nada estás diciendo mucho.

- **El significado de la comunicación es la respuesta que obtienes con lo que transmites:** debes hacerte responsable de tus resultados. Si la respuesta que obtienes a tus propuestas no terminan de ser satisfactorias para ti, será que la relación que has establecido con la otra persona no ha sido del todo adecuada y debes adaptarla.

Las palabras que utilices a la hora de comunicarte serán determinantes para la consecución de tus objetivos; por eso dedicaremos gran parte de las páginas de este libro a conocer los patrones lingüísticos que te ayudarán a ser mas persuasivo.

 En un experimento llevado a cabo por los psicólogos Elizabeth Loftus y John Palmer, en 1974, se mostraron varias películas breves (de menos de 30 segundos) sobre accidentes de tráfico para después responder a unas preguntas sobre la estimación de la velocidad de los coches implicados en los accidentes. Los investigadores se sorprendieron de que las respuestas que obtenían de las diferentes personas que habían visionado los vídeos dependían del verbo empleado en la pregunta: estrellarse (65 km/h), chocar (63 km/h), cruzarse (61 km/h), colisionar (54 km/h) y entrar en contacto (51 km/h). Cuanto más "fuerte" era el verbo empleado en la pregunta, mayor era la velocidad estimada. Entre el menor y el mayor valor había casi un 30% de diferencia en la estimación... ¿Te imaginas conseguir ese mismo incremento en tu poder de persuasión con solo cambiar una palabra?

Por mi experiencia con equipos de venta puedo confirmarte que la elección de las palabras usadas para saludar a un cliente, ofrecer un producto o manejar una objeción durante una venta tiene repercusión directa en los resultados que obtiene cada vendedor. Por ello, las compañías elaboran unos guiones o *scripts* de venta con el fin de maximizar la eficiencia de los equipos en sus procesos de venta.

 En Estados Unidos, una parte importante del salario de los trabajadores del sector de la hostelería procede de las propinas que dejan sus clientes. Diversas investigaciones han comprobado una y otra vez que existe relación entre la alegría y la cordialidad que demuestran los camareros y la propina que reciben. Estos reciben mejores propinas cuando muestran rostros alegres, o escriben "muchas gracias" al pie de la cuenta, o les brindan una amplia sonrisa a los clientes. La gente también deja más propina cuando el camarero se despide afectuosamente con un "pasa un buen día" o "disfruta de tu bebida". Otros estudios han demostrado que las propinas aumentan drásticamente cuando los camareros se presentan usando su nombre de pila o se dirigen a los clientes por su nombre.

En ocasiones planeamos de forma consciente lo que vamos a hacer y luego pasamos a la acción, pero la mayoría de las veces tomamos decisiones influenciados por procesos de los cuales no somos conscientes y luego buscamos la forma de justificar nuestros comportamientos. Así lo afirma John-Dylan Haynes, investigador de la Universidad de Leipzig, a partir de un estudio en el que registró la actividad eléctrica del cerebro mientras sometía a las personas a una prueba muy sencilla: simplemente debían presionar uno de dos botones. Cuando se les daba la orden de actuar, las personas debían elegir libremente si deseaban presionar el botón derecho o el izquierdo. Así, los científicos localizaron con total precisión señales concretas de actividad cerebral con hasta 10 segundos de antelación a que los participantes se dieran cuenta de su propia elección. En palabras del propio Haynes, este estudio demuestra que "nuestras decisiones están predeterminadas inconscientemente mucho tiempo antes de que nuestra propia conciencia las ponga en marcha".

Robert Cialdini es una de las referencias mundiales en temas de persuasión. En su libro *Influencia* articula los seis principales fundamentos de su teoría, también conocidos como leyes de la persuasión:

—

- **Compromiso y coherencia:** manifestar nuestra postura frente a un tema o punto de vista hace que lo defendamos hasta sus últimas consecuencias.
- **Reciprocidad:** recibir algo de otra persona genera en nosotros una "deuda" y genera la necesidad de devolver algo a cambio.
- **Aprobación social:** en principio, damos mayor validez a las cosas cuanto mayor es el número de personas que las consideran válidas o verdaderas.
- **Autoridad:** tendemos a ser más obedientes con las personas a las que les conferimos una autoridad por su experiencia, cargo, profesión...
- **Simpatía:** estamos más predispuestos a satisfacer las demandas de alguien al que conocemos y nos cae bien.
- **Escasez:** consideramos algo como más valioso cuando su disponibilidad es o puede llegar a ser limitada.

Ahora ya eres consciente de que muchas de las decisiones se toman de manera inconsciente e incluso de forma aparentemente irracional; por ello, para que la potencia de tus mensajes aumente:

→ **Responsabilízate del resultado de tu comunicación:** si no logras el resultado esperado, deja de buscar culpables y cambia tu estrategia.

→ **Selecciona las palabras más adecuadas:** existen palabras y patrones lingüísticos que te ayudarán a ser más persuasivo; los veras con detalle más adelante.

→ **Haz uso de las leyes de la influencia:** tenlas siempre en cuenta a la hora de desarrollar tus estrategias para convencer.

04

Mantén siempre una actitud positiva

«Si puedes soñarlo puedes hacerlo.»

WALT DISNEY

¿Sabes quién es la primera persona a la que tienes que convencer para conseguir tus objetivos? Efectivamente, esa persona eres tú mismo. Seguro que has escuchado muchas veces el dicho "el éxito atrae al éxito" y puedo asegurarte que es cierto. El secreto de las personas persuasivas y exitosas es que hacen uso de una **actitud mental positiva (AMP)**. Si dedicas tu mente a trabajar con una actitud mental positiva y pensar que el éxito es tu derecho, te estarás dirigiendo inequívocamente hacia cualquiera que sea tu definición de éxito. Si, por el contrario, adoptas una actitud mental negativa y llenas tu mente con pensamientos de miedo y frustración, tu mente solo atraerá esas mismas cosas.

La diferencia entre el éxito y el fracaso no es más que la postura que asumes frente a las situaciones que la vida te va presentando, a la capacidad de autoestima que tengas y cómo te relacionas positivamente con los demás. Aprende a reprogramar tu mente subconsciente con principios y actitudes que harán de ti una persona de éxito. Éste no depende de la suerte; depende de tu actitud ante la vida y estará en tus manos poder encontrar todas las soluciones que necesites.

Tu actitud dirige tu conducta y eso se transmite a la hora de relacionarte con las personas y afecta directamente al resultado que obtienes en esa relación. Además, ya deberías saber que si tratas de enmascarar tu actitud puede ser que el lenguaje no verbal de tu cuerpo termine delatándote. La buena noticia es que puedes reprogramar tu mente para adquirir una AMP que te abra las puertas del éxito. Para ello, un primer paso será empezar por cambiar tu lenguaje y cómo te refieres a tus objetivos. Olvida las excusas y poner la venda antes de la herida para no restarte posibilidades a la consecución de tus metas. Las personas nos creamos a nosotros mismos en el lenguaje y a través de él porque el lenguaje es generativo.

Para enfocar tu mente como una potente lente de una cámara hacia el objetivo que quieres lograr debes empezar por definir con claridad tu objetivo. A principios de la década de 1970 Richard Bandler y John Grinder, los fundadores de la PNL, observaron que existían tres características que compartían la mayoría de los comunicadores excelentes:

- **Sabían perfectamente lo que querían lograr:** saben establecer objetivos precisos, medibles y alcanzables y pueden representarlos internamente mediante imágenes, sonidos o sensaciones.
- **Eran flexibles y abiertos al cambio:** sus conductas, lenguaje y conducta interior se adaptan para ampliar el número de opciones para alcanzar sus objetivos.
- **Percibían de manera sensorial** las respuestas propias y de los demás para saber si se estaban acercando al objetivo.

Por lo tanto, la primera tarea que debes realizar es definir tu objetivo. Coge lápiz y papel y escribe tu objetivo siguiendo estas pautas:

- Escribe tu objetivo siempre en positivo.
- Redáctalo en tiempo presente.
- Enuncia tu objetivo en primera persona.
- Olvídate del verbo intentar. Di exactamente lo que quieres lograr y lo que vas a hacer para lograrlo.
- Explica tu meta utilizando pocas palabras. Sé breve.

El siguiente paso para reprogramar tu mente es sentir que ya has alcanzado tu meta. Un 95% de tus acciones y decisiones en la vida están guiadas por tu mente inconsciente y esta parte de la mente no es capaz de distinguir entre una imagen real y una que logres grabar a través de ejercicios de visualización creativa. Tu inconsciente se cree todo lo que le llega y, lo que es mucho más importante, las imágenes que graba en su disco duro tienen un fuerte impacto en tu forma de actuar y, con ello, en los resultados que consigues.

Los ejercicios de **visualización** son habitualmente utilizados por deportistas de alto nivel para mejorar sus técnicas y habilidades físicas o para incrementar sus niveles de confianza y motivación ante una gran competición. Acomódate y prepárate a grabar en tu mente la película de tu éxito. Tres, dos, uno... ¡Acción!:

- Busca un lugar donde te encuentres cómodo y siéntate relajado y con tus pies tocando el suelo. Cierra los ojos y respira profundamente varias veces tomando el aire por la nariz y expirando por la boca. Concéntrate en tu respiración. Realiza esta respiración varias veces sintiendo cómo entra y sale el aire de tu cuerpo hasta que llegues a una situación placentera y relajada. Relajando tu cuerpo y tu mente entras en un estado en el que se suspenden tus juicios y te centras más en el objetivo que quieres alcanzar que en los obstáculos que buscas cuando echas mano de tu mente consciente.

- Visualízate ahora en el momento en el que logras los objetivos de ventas que te has propuesto. Vive el momento con todo lujo de detalles. Siéntete el protagonista absoluto de tu película. ¿Con quién estás? ¿Qué ves? ¿Qué te dicen? ¿Qué emoción puedes sentir? Graba en tu mente cada detalle como si se tratara de una cámara de vídeo: imágenes, sonidos y sensaciones.

- Disfruta de las sensaciones de haber conseguido tus objetivos durante unos minutos y después abre los ojos poco a poco volviendo a tu mundo consciente. Cuanto más intensas sean las sensaciones que puedas percibir y más las repitas, mejor quedarán grabadas en tu inconsciente y mucho más fácil le será encontrar a tu cerebro posibles opciones para llevarte a alcanzar tu objetivo a partir de ahora. Este ejercicio es mucho más eficaz cuando la persona visualiza haciendo uso de todos los sentidos posibles. Una de las bondades de la visualización creativa es que permite que tu cerebro logre ver un objetivo como posible y realizable.

Con todas estas técnicas lograrás convencerte y, con ello, habrás dado un paso muy importante para convencer a los demás. Recuerda que, muchas veces, tu enemigo más fuerte es el que habita justo entre tus dos orejas. Demostrando siempre una actitud mental positiva y creyendo en ti mismo lograrás persuadir a quien tú quieras para que haga lo que tú quieras cuando tú quieras. Para que eso ocurra:

→ **Habitúate a pensar y hablar en positivo:** evita las excusas, las críticas y los prejuicios. Si no tienes algo positivo que decir, es mejor que no digas nada.

→ **Define con claridad tu objetivo:** como decía Lao Tse, "una vez definida la meta aparecerá el camino".

→ **Visualiza el éxito:** haz uso del ejercicio de visualización para verte, oírte y sentirte disfrutando de la consecución de tus objetivos. Te sorprenderás de la cantidad de opciones de llegar a la meta que aparecerán delante de tus ojos haciendo uso de esta simple técnica.

Escribe ahora el objetivo que quieres conseguir. Ten en cuenta las pautas que te he dado para hacerlo. ¿Cómo sabrás que lo has conseguido? Describe todo lo que podrás sentir, ver y oír haciendo uso de la visualización.

05

Sonríe, ¡por favor!

«La sonrisa cuesta menos que
la electricidad
y da mucha más luz.»

PROVERBIO ESCOCÉS

Muchas veces, las cosas más simples no son las más sencillas de conseguir. En mi labor como consultor y formador de vendedores descubro a diario cómo algunas pautas básicas, como puede ser sonreír a los clientes, no son utilizadas por profesionales que llevan dedicándose gran parte de su vida a trabajar con personas y a darles un servicio; y eso que existe un proverbio de la Antigua China que dice que "hombre sin sonrisa no debe abrir tienda"...

Cualquiera que quiera influir de manera en otras personas debe tener en cuenta lo que yo suelo llamar el **S.O.S. del vendedor**, que no es más que hacer uso de la sonrisa mirando a los ojos del cliente mientras realizan el saludo. Si piensas que esta simple norma es fácil de cumplir, te invito a que visites un centro comercial y después de haber entrado en una decena de tiendas me digas cuántas de ellas han cumplido con esta simple pauta a la hora de recibir a sus clientes.

En mis formaciones prefiero empezar por asentar acciones básicas en los vendedores para luego ir añadiendo otras técnicas de mayor complejidad. La sonrisa y conectar visualmente con el cliente o con otra persona va más allá del concepto de "básico"; yo diría que es una pauta totalmente imprescindible si quieres persuadir e influir en las decisiones de alguien. De nada servirá que aprendas las técnicas avanzadas que te explicaré más adelante si no empiezas por mirar a esa persona que quieres convencer a los ojos y le regalas una brillante y sincera sonrisa.

La sonrisa es el símbolo universal para transmitir satisfacción y disfrute; así lo reflejó Paul Ekman, considerado como el mayor experto en expresiones faciales y que ha estudiado el tema con distintas razas y tribus de todos los continentes del planeta. Además, sonreír nos hace sentir mejor y también tiene la fuerza de hacer sentir mejor al que recibe una sonrisa. Tu sonrisa, sin duda, te abre puertas, genera actitudes positivas y alisa el camino para que conectes con los demás. A pesar de ello, una persona adulta sonríe una media de 15 veces al día mientras que cuando éramos niños solíamos hacerlo más de 400 veces... ¡Recupera tu sonrisa de la infancia para incrementar tu poder de persuasión!

La sonrisa tiene un efecto multiplicador. Siempre que solicites algo a una persona y lo acompañes de una sonrisa estarás incrementando tus posibilidades de éxito. Has de tener en cuenta que los seres humanos tenemos la habilidad de detectar si las sonrisas son sinceras o fingidas (de nuevo nos topamos con el inconsciente y el lenguaje no verbal) y la mejor forma que tienes de regalar una sincera sonrisa es haciendo uso de la actitud mental positiva que veíamos en el capítulo anterior.

El médico e investigador francés Guillaume Duchenne, bautizó en el siglo xix la sonrisa que lleva su nombre (sonrisa Duchenne) al referirse a la sonrisa que expresa una emoción verdadera y espontánea de satisfacción o felicidad. Este tipo de sonrisa se caracteriza por producir arrugas en los ojos (o "patas de gallo"), elevar las mejillas y la comisura de los labios. La mayor parte de las personas no pueden contraer a su antojo los músculos cigomático mayor y menor y el músculo orbicular que entran en acción en una sonrisa verdadera y, por eso, somos capaces de desenmascarar a aquellas personas que fingen el gesto de sonreír.

Las investigaciones científicas han demostrado que sonreír libera en tu cerebro una hormona llamada betaendorfina que tiene efectos antiestrés. También se ha descubierto que las mujeres liberan mayor cantidad de esta hormona y es una de las razones que explican que las mujeres sean más longevas que los hombres. Si sonríes más, conseguirás sentirte mejor, caerás mejor a los demás y podrás vivir más tiempo y más feliz. ¿Qué más se le puede pedir a una buena sonrisa?

Conocer la importancia que tiene la mirada a la hora de transmitir información, te puede ayudar a la hora de entablar una relación o mejorar las que ya tienes. Un estudio realizado en la Universidad de Aberdeen, descubrió que aquellas personas que miraban a los ojos resultaban más atractivas que las que no lo hacían. Mirar a los ojos a alguien que te está hablando, indica que le importas, que entiendes su mensaje y compartes sus preocupaciones. De la misma forma, cuando sientes que alguien aparta la mirada te produce una sensación de que no te está escuchando y no le importa lo que le estás contando. Mediante el contacto visual, puedes apoyar o reforzar tu comunicación verbal a la hora de transmitir una idea, presentar un producto o contar una historia. Además, transmites una sensación de confianza en ti mismo, de receptividad y escucha activa.

El autor estadounidense Michael Ellsberg señala en su libro *The power of eye contact* que el contacto visual consigue la magia de conectar en un instante a dos seres humanos consiguiendo que se sientan perfectamente unidos. ¿Recuerdas alguna ocasión en la que hayas podido experimentar personalmente la sensación de proximidad e intimidad que trae consigo un intenso contacto visual con alguien que acabas de conocer? El hecho es que se ha descubierto científicamente que todo tiene una explicación biológica. Al mirar a otra persona intencionadamente haces que su ritmo cardíaco se acelere y se libera en su sistema circulatorio una sustancia similar a la adrenalina; por ello al intensificar el contacto visual con esa persona notará una sensación positiva.

La canción *No mires a los ojos de la gente*, del grupo español de los ochenta *Golpes Bajos* decía: "No mires a los ojos de la gente me dan miedo, mienten siempre; no salgas a la calle cuando hay gente ¿y si no vuelves? ¿y si te pierdes?".

Ésa es la conducta de una persona miedosa y con pocas posibilidades de convencer a otros... Si quieres conectar de manera intensa con otra persona tienes que habituarte a transmitir tu mensaje positivo a través de la mirada. Si no estás acostumbrado a mirar a los ojos cuando hablas con una persona, te propongo que a partir de este momento trates de descubrir el color de los ojos de las personas con las que hables; esto te obligará a conectar visualmente con esas personas y a aumentar tu encanto y poder de convicción.

Ahora ya has incorporado la sonrisa y la mirada cautivadora a tu mochila y cuentas con dos nuevas y poderosas armas de persuasión masiva para trasladar tus mensajes de manera influyente. Practica y pon en juego todo este arsenal cuanto antes para acabar incorporándolo en tus relaciones personales y profesionales en el día a día. Para aumentar el brillo en tus comunicaciones y relaciones personales:

→ **Utiliza tu sonrisa y tu mirada para comunicar tu actitud mental positiva:** te ayudará a conectar antes y con mayor intensidad con cualquier persona.

→ **Comparte sonrisas sinceras:** regalar una sonrisa tiene un efecto positivo en el que la regala y cautivador en los que la reciben... siempre que no sea una falsa sonrisa y te acaben descubriendo.

→ **Mira siempre a los ojos de las personas cuando les hables:** sé el primero en mirar a los ojos cuando saludes a una persona y recuerda quitarte las gafas de sol (si las llevas) al presentarte. Recuerda el truco de descubrir el color de los ojos de la persona con la que estás hablando.

06

Comunica con todos los sentidos

«La mejor forma de librarse de
un enemigo es convertirlo
en tu amigo.»

ABRAHAM LINCOLN

Recuerda una experiencia positiva vivida en los últimos meses; puede ser una fiesta con tus amigos, unas vacaciones al sitio al que te gusta ir para descansar, una felicitación de tu jefe... Al recordar este momento ¿has visto imágenes? ¿has oído algún sonido? ¿has podido sentir de nuevo algún olor, gusto, alguna sensación en tu cuerpo? A cómo percibimos la realidad y creamos nuestros pensamientos se denomina en PNL **sistema representacional** (SR) Existen tres sistemas representacionales: visual, auditivo y kinestésico en función de la forma en la que procesas tus pensamientos.

Aunque nadie piensa siempre utilizando el mismo patrón, sí es cierto que cada persona tiene su SR preferente y necesitas conocer el que utilizan las personas a las que quieres convencer para sintonizar con su canal preferido y poder mantener una conversación mucho más fluida y productiva La mejor forma de descubrir cuál es el SR preferente de otra persona es escuchar lo que dice y poner toda la atención en los movimientos que hace. Para detectar cuál es el SR de una persona puedes fijarte en:

- **El lenguaje.**
- **La fisiología o lenguaje del cuerpo.**

Según esto, y de manera muy esquemática, puedes aventurarte a pensar que una persona es preferentemente:

- **Visual:** utilizan frases que tengan que ver con el sentido de la vista como "lo veo claro", "tengo una imagen borrosa de lo que me dices", "desde mi punto de vista", "desde tu perspectiva"... Suelen hablar muy rápido, porque tienen la imagen muy clara en su cabeza de lo que quieren decir, y con un tono de voz agudo. Su respiración es poco profunda y con la parte alta del pecho. Suelen tener tendencia a no escuchar.
- **Auditiva:** algunas de las frases que utilizan pueden parecerse a "algo me dice", "esto no me suena bien", "lo que escucho me gusta", "eso es como música para mis

oídos"... Su tono de voz es claro y hablan a un ritmo normal. Respiran utilizando todo el pecho.

- **Kinestésica:** hablan de manera lenta y realizando pausas y utilizan un tono de voz bajo y profundo acompañado de una respiración abdominal también profunda. Usan frases como "una base sólida", "me siento cómodo con eso", "prefiero darle aún más vueltas", "es un asunto delicado"...

Al relacionarnos con otras personas todos nos sentimos más confortables cuando nos comunicamos de una misma forma; por eso, utilizar distintos patrones puede generar interferencias en la comunicación. Es muy importante en la fase inicial de una relación que detectes cómo le gusta a la otra persona recibir la información para luego utilizar esa misma vía y conseguir un mayor impacto. Si hablaras de convencer a tu pareja sobre el viaje de vuestras próximas vacaciones, si es una persona preferentemente visual podrá necesitar que le enseñes fotos, catálogos con imágenes o gráficos mientras que una kinestésica preferirá con toda seguridad evocar las sensaciones que le provocará elegir ese destino.

Todos utilizamos parte de los tres SR aunque siempre hay alguno que es predominante para cada uno de nosotros. Adapta tu mensaje y la forma de transmitirlo al SR de la otra persona una vez hayas detectado su preferencia. El mejor cumplido que puedes recibir después de una conversación es que te digan "veo que hablamos el mismo idioma". Agudizar la escucha y detectar los SR de las personas con las que hablas no te será muy complicado si sabes escuchar con atención. Recuerda que tienes dos orejas y solo una boca para escuchar el doble de lo que hablas.

Tú también utilizas un SR de manera predominante a la hora de transmitir las ideas que tienes en tu cabeza. Escúchate con detenimiento o graba una conversación y repasa los predicados verbales que más utilizas (visuales, auditivos o kinestésicos). Percibe la forma en la que respiras y el ritmo y tono de voz que utilizas al hablar. Como dice en la inscripción del templo de Apolo en Delfos "conócete a ti mismo", porque comprenderse uno mismo es comprender a los demás también y viceversa.

Te será muy fácil expresarte en el SR predominante en tu comunicación porque lo haces de forma inconsciente desde siempre (se dice que el SR de cada persona se fija a partir de los. diez/doce años de edad) pero te costará un poco más utilizar los otros SR de una forma fluida. Practica la flexibilidad de tu lenguaje para cuando necesites estar listo para ponerlo en práctica.

Si bien no existen estadísticas claras, varios expertos en PNL afirman que en culturas occidentales como la nuestra y fruto de nuestro ritmo de vida predominan las personas visuales (algunos autores llegan a cifrar en un 60 por ciento las personas que utilizan principalmente este SR) pero cada persona es un mundo y deberás adaptarte a cada uno para saber si lo mejor es "hacerle ver" o "contarle" lo bueno que es un producto o una idea o si es mejor que pueda "tocarlo y sentirlo" con sus propias manos.

Otra manera de detectar si la persona con la que estás hablando está utilizando imágenes, sonidos o sensaciones en su mente es a través del movimiento de sus ojos o accesos oculares. Si los ojos miran hacia arriba, esa persona está pensando en imágenes; si la mirada se dirige hacia sus orejas, está pensando en sonidos y si miran hacia abajo está teniendo en cuenta sus sensaciones. En los casos en los que tengas que hacer presentaciones en público, es recomendable que utilices de manera indistinta los tres sistemas representacionales cuando hables para todos; de esa forma te aseguras que conectas con todos los que han venido a verte, escucharte o sentir lo que haces.

Por tanto, para crear una conexión total con las personas con las que converses y quieras convencer:

→ **Reconoce tu sistema representacional dominante:** la mejor forma de conocer a los demás es empezar por conocerte a ti mismo.

→ **Observa a la persona y descubre su sistema representacional preferido:** recuerda observar su tono de voz, las palabras que utiliza, su forma de respirar, el ritmo y los movimientos de sus ojos.

→ **Adapta tu lenguaje al sistema representacional de la otra persona:** todos sintonizamos antes y mejor con las personas que se nos parecen más.

 Graba ahora una conversación tuya o escribe un texto en el que describas una idea o un producto que quieras vender y vuelve a expresarlo utilizando los otros SR diferentes al tuyo preferido.

07

—

Habla para que te escuchen

«El mejor camino para llegar al corazón de una persona es hablarle de lo que él o ella más valoran.»

THEODORE ROOSEVELT

Convencer consiste en conseguir que una persona haga algo que tú quieres... porque esa persona quiera. Por eso, poca importancia tienen tus argumentos, tus ideas, tus preferencias, tu producto... Lo importante en una conversación en la que buscas influir en otra persona es que consigas que esa persona se sienta protagonista. Si estuvieras en una tienda de ropa, es como si al comenzar a hablar con tu cliente cogieras uno de los focos que están dirigidos a una de las estanterías de producto y le enfocarás con él para que se sienta como un artista invitado.

Uno de los mayores errores que puedes cometer si quieres persuadir a alguien es olvidarte de escucharle y pasar a venderle las bondades de tu idea o producto. A esa persona que tienes delante poco le importa tu historia, tus intereses y las características de tu producto. En los cursos específicos que imparto para vendedores suelo recordarles que lo que realmente estarán dispuestos a comprar sus clientes son los beneficios que obtendrán al adquirir sus productos con independencia de las características que ellos quieran transmitirles a sus clientes.

Si quieres poner el foco en la otra persona debes utilizar una palabra mágica que te ayudará a ganarte su atención. Esa palabra es ¡TÚ! También puedes utilizar el te, a ti, tuya, tuyo, contigo y todas las palabras que tengan que ver con la segunda persona del singular. Si has leído todas las páginas hasta aquí, te habrás dado cuenta de que la mayor parte de las frases están dirigidas a ti, ¿por qué será?

Hacer que la otra persona sea la protagonista también requiere que tenga un papel predominante durante la conversación. La mejor manera de convencer no es abrumando a los demás con montones de argumentos sino preguntando y escuchando atentamente para conocer mejor los gustos, valores y necesidades de la persona que tienes delante. Solo de esa manera podrás adaptar tu mensaje y tu lenguaje para que esa persona acabe haciendo suyos tus argumentos.

Dale Carnegie ya explicaba en 1936 en su afamado libro *Cómo ganar amigos e influir sobre las personas*, que el sonido que más le gusta escuchar a una persona es su propio nombre. Te aconsejo que recuerdes siempre el nombre de la persona a la que quieras persuadir y lo uses a la hora de hacerle llegar tus argumentos. Está demostrado que usar el nombre de la otra persona al principio o al final de las frases con tus sugerencias incrementa el poder de convicción de las mismas.

"No puedes enseñarle nada a un hombre; solo puedes ayudarle a descubrirlo dentro de sí mismo", decía Galileo Galilei y no le faltaba razón. Debes comprender que la gente compra o decide hacer algo por sus razones y no por las tuyas.

 Si quieres conseguir que las personas a las que quieres convencer se sientan protagonistas de la conversación:

→ **Usa el "tú" y todos sus derivados:** evita hablar de forma impersonal o utilizando la primera persona del plural, salvo que quieras generar sentimiento de grupo con esa persona (nosotros, nuestro...).

→ **Detecta los intereses o necesidades de la otra persona:** el método más efectivo para lograrlo es preguntando y realizando una escucha activa de las respuestas que recibas de esa persona.

→ **Recuerda y utiliza el nombre de pila:** idea un método que te sirva para recordar el nombre de una persona que acabas de conocer. Si no has entendido bien su nombre o no has logrado recordarlo, lo mejor es que vuelvas a preguntarlo ("perdona, no lo he entendido bien"...) y que lo uses tan pronto como te sea posible un par de veces para que quede archivado en tu cabeza.

08

Haz que se sientan bien

«Lograrás más amigos en dos meses interesándote por los demás que en dos años tratando que los demás se interesen por ti.»

DALE CARNEGIE

La **empatía** es la capacidad para ponerse en el lugar de otra persona y sentir lo que esa otra persona está sintiendo. A través de la empatía podrás entender mejor las motivaciones de las personas y ajustar tu manera de actuar de manera que obtengas un mayor beneficio de tu relación con ellas. La empatía no requiere estar de acuerdo con todo lo que te digan pero sí entender que puede que existan diferentes formas de pensar de la que tú tienes.

Haciendo uso de la escucha y de la empatía lograrás que las personas se encuentren a gusto conversando contigo porque, paradójicamente, estarás consiguiendo que se sientan a gusto consigo mismas. Algunas acciones que pueden limitar tu nivel de escucha son:

- Llevar la contraria, dar soluciones no pedidas o querer imponer tu propia visión.
- Pensar en lo que vas a contestar antes de que la otra persona termine de argumentar.
- Lectura de mente o anticiparse a lo que la otra persona va a decir.
- Interrumpir al otro mientras está hablando.

Para aumentar tus niveles de empatía debes mostrarte abierto a reconocer, comprender y apreciar los sentimientos de los demás. La escucha empática se produce cuando eres capaz de analizar de forma profunda las palabras del otro desde su perspectiva y sin que medien juicios propios por tu parte. Haciendo uso de esta habilidad de la comunicación, lograrás comprender las verdaderas motivaciones o necesidades de esa persona y poder así ofrecerle propuestas que se ajusten a lo que puede estar buscando.

Para demostrar que estás escuchando a una persona y que sienta que está siendo comprendida, es necesario que utilices comentarios empáticos. Comentarios de este tipo serían: "Así que...", "Entonces tú..." o "Parece que...", referidos a lo que te están contando. Conviene, por supuesto, que estos comentarios los acompañes con el adecuado lenguaje no verbal que transmitan tu interés por lo que te están diciendo.

Este tipo de comentarios también pueden ser una útil herramienta para conseguir que la conversación con una persona se alargue. Hay personas a las que parece que tienes que sacarles las palabras "con un gancho" y usando cualquiera de estos comentarios conseguirás que sea más pródigo en palabras. Esto puede ser útil si necesitas obtener mayor información de esa persona para conocerla mejor.

Algunas personas tienden a utilizar frases como "entiendo cómo te sientes" o "te comprendo" como comentarios empáticos y pueden meterse en un lío porque la otra persona puede recriminarle que es imposible que sepa cómo se siente. El error está en dejar de poner el foco en el otro y pasar a hablar en primera persona (YO te entiendo, YO te comprendo...).

Ya sabes, entonces, que puedes convencer más por cómo escuchas que por lo que hablas. Verás un poco más adelante que las palabras son muy importantes como herramienta de persuasión pero, por ahora, recuerda estos tres consejos:

→ **Ponte en el lugar de la otra persona:** una definición muy común de empatía es "ponerse en los zapatos de otra persona"; te recomiendo que, para eso, antes te quites los tuyos.

→ **Escucha con todo tu cuerpo:** para demostrar que estás escuchando a una persona tan importante es que tengas tus oídos bien abiertos como que lo demuestres con el lenguaje del resto de tu cuerpo.

→ **Mantén la atención en el otro:** si quieres caer bien, utiliza los comentarios empáticos y recuerda siempre que el protagonista es siempre la persona con la que estás hablando.

09

Sintoniza con los demás

«Lo más interesante de la
comunicación es lo que no se
está diciendo.»

Peter Drucker

A principios del siglo xx en Alemania había un caballo que decía que era capaz de realizar algunas operaciones matemáticas sencillas, podía leer la hora y calcular el día de un calendario. *Clever Hans* era un caballo que pertenecía al profesor de matemáticas y entrenador de caballos, Wilhelm von Osten. Éste lo entrenó para que aprendiera a sumar, restar, multiplicar, dividir, trabajar con fracciones, decir la hora, entender el calendario, diferenciar tonos musicales, leer, deletrear y entender el idioma alemán. Tras varias comprobaciones llevadas a cabo por investigadores, finalmente se logró determinar la verdad: el caballo conseguía buenos resultados, solo cuando el interrogador conocía la respuesta y el caballo podía ver al interrogador. La verdad era que el caballo podía percibir las señales no verbales de las personas. Observando el rostro del que le hacía las preguntas veía sus gestos inconscientes, percatándose de que, cuando estaba cerca del número correcto, la tensión facial de esa persona aumentaba, pero se relajaba cuando alcanzaba ese número. Sin darse cuenta, la misma gente que preguntaba le daba la respuesta correcta al caballo.

Si Hans era capaz de leer las señales que enviaban las personas que acudían a sus espectáculos, tú debes aprender a leer los gestos y movimientos corporales de las personas a las que quieres convencer. Estas señales te servirán como un buen indicador para calibrar si tus estrategias de persuasión avanzan o no por el camino correcto hacia la consecución de tus objetivos. Para ello debes estar muy pendiente de la persona con la que estás hablando y no perder de vista ninguna de sus reacciones.

Sabes, por lo que has visto hasta ahora, que existe conexión directa entre cuerpo y mente. Si observas que el lenguaje de tu interlocutor es cerrado (por ejemplo, estar con los brazos cruzados), puedes provocar algún movimiento que genere apertura en su cuerpo y, con ello, lograr una mayor apertura en su mente (por ejemplo, darle a coger alguna cosa para que tenga que descruzar los brazos). Los experimentados vendedores saben leer las señales de sus clientes que indican una compra inminente como, por ejemplo, asentir con la cabeza mientras escuchan sus explicaciones sobre el producto.

Está científicamente demostrado que solemos relacionarnos mejor con aquellas personas a las que nos parecemos más o tenemos mayor número de cosas en común. Cuanto más logres asemejarte al otro, mayores probabilidades tendrás de tener una fructífera relación. El *rapport* o sintonía se consigue simplemente acompasando tus posturas, movimientos o tonos de voz con los de otra persona. No quiere decir que pases a imitarle (así lograrías cabrearla) sino que comuniquéis en la misma onda. Hay muchos ejercicios de PNL que se basan en este punto y en cualquier libro de esta disciplina puedes profundizar más sobre este tema. El objetivo de establecer el *rapport* es que primero puedas adaptarte a la otra persona para mantener una comunicación más fluida, como un camaleón que se adapta a los cambios en su entorno, para luego poder dirigir la comunicación una vez se haya realizado el acoplamiento mutuo.

Como ejercicio te propongo que la próxima vez que vayas a tu cafetería preferida, mientras saboreas tu bebida observa a personas que estén sentadas juntas. Fíjate en su lenguaje corporal. Si la conversación es fluida, nota cómo existe un baile de gestos, movimientos de partes del cuerpo acompasados, sonrisas...

Busca después personas que creas que están desintonizadas; sus movimientos son desacompasados, quizás no estén sentados ni siquiera mirándose el uno al otro. Analiza cómo es la fluidez de esta conversación en relación con las primeras.

—

El proceso del *rapport* efectivo para que saques mayor provecho de tus conversaciones consta de dos pasos:

→ **1) Acompañar.**

→ **2) Dirigir.**

Primero debes igualar el lenguaje no verbal y el verbal con la otra persona hasta que logres sintonizar con ella. Una vez lo hayas conseguido, serás tú quien dirija los movimientos y observarás cómo tu interlocutor te imitará de manera inconsciente porque se siente sintonizado contigo.

Para acompañar a una persona en su lenguaje no verbal tendrás que imaginarte que eres como un espejo para ella. Si estás frente a ella y mueve su brazo derecho, moverás el tuyo izquierdo; si se toca la barbilla, tú también te la tocarás; si cruza los brazos, tú lo mismo... ¡Atención!: debes hacerlo de manera muy sutil y cuidando que en ningún momento pueda llegar a pensar que le estás imitando porque entonces conseguirás el efecto totalmente contrario. Con respecto a la voz, trata de igualar el tono de voz, la velocidad o el ritmo al que habla esa persona.

Una vez creas que has estado durante varios minutos conectando con esa persona, comprueba si es ella quien te sigue ahora inconscientemente cuando tú realizas algún movimiento. Si aún no lo has conseguido, prueba de nuevo a sintonizar. La utilidad de este acompañamiento y direccionamiento tiene que ver con el hecho de que tú pasarás a llevar el control de la comunicación.

Robin Tanner y Tanya Chartrand, psicólogos de la Universidad de Duke, encabezaron un equipo de investigadores que puso a prueba cómo la imitación de un potencial cliente puede influir sobre su conducta. El equipo hizo que 37 personas probaran lo que se describió como una nueva bebida deportiva y respondieran después a unas cuantas preguntas al respecto. El entrevistador imitó aproximadamente a la mitad de los participantes, usando una técnica que consistía en reflejar la postura y los movimientos de la persona, con una demora de dos segundos. Si cruzaban las piernas, entonces el entrevistador esperaba dos segundos para hacer lo mismo con la pierna opuesta. Si la persona se tocaba la cara, esperaba uno o dos segundos y lo hacía. Si movía el pie, esperaba de nuevo y hacía algo similar. La idea era convertirse en un espejo. Ninguno de los participantes que fue imitado se dio cuenta de lo que estaban haciendo los entrevistadores. Sin embargo, las personas imitadas presentaron probabilidades considerablemente mayores que los otros participantes de consumir la nueva bebida, así como de afirmar que la comprarían y de augurarle éxito en el mercado.

Por tanto, cuando espejas el comportamiento de una persona generas en ella una especie de placer, que hace que se sienta predispuesta de una manera muy favorable e inconscientemente hacia ti y tus sugerencias. Para sintonizar con los demás y mejorar la efectividad de tu comunicación:

→ **Aprende a leer el lenguaje del cuerpo de la otra persona:** mientras hablas debes tener siempre la vista puesta en el otro y en sus movimientos y gestos. Ya ves que incluso cuando el que hablas eres tú, el foco sigue estando puesto en la otra persona.

→ **Genera apertura en el lenguaje de los demás:** una mayor apertura del lenguaje corporal de tu interlocutor incrementa las opciones de convencerle.

→ **Espeja los movimientos de la persona que quieres convencer:** cuanto más te parezcas a la persona con la que estás hablando mayor sintonía tendrás con ella y contarás con mayores opciones de influir en su comportamiento.

10

**Cuenta buenas
historias**

«Razonar y convencer,
¡qué difícil, largo y trabajoso!
¿Sugestionar?
¡Qué fácil, rápido y barato!»

SANTIAGO RAMÓN Y CAJAL

odos los grandes comunicadores son grandes contadores de historias. El poder de las historias radica en que te permite transmitir cualquier mensaje de forma que acceda directamente al inconsciente de las personas. A los seres humanos nos encanta que nos cuenten historias porque nos hacen conectar con nuestra imaginación, con nuestros sueños o con nuestra creatividad. Solo tienes que hacer la prueba si tienes la oportunidad de hablar en público de empezar con el conocido "Érase una vez…" y podrás comprobar cómo todos empiezan a prestarte atención y se acomodan expectantes en sus butacas esperando recibir tu historia.

Las agencias de publicidad y, en general, todas las empresas saben del poder de una buena historia para atraer a clientes, presentar productos o motivar empleados entre otras cosas. La misión del *storytelling* (así se llama la técnica de contar historias dentro del ámbito empresarial) es hablarle al inconsciente de las personas a las que se quiere convencer para captar su atención, primero, ganarse su emoción, después, y llevarles a la acción (compra, aumento del rendimiento, alineación con los objetivos…) finalmente. Al escuchar y contar historias haces uso del hemisferio izquierdo del cerebro al pensar en las palabras y los distintos argumentos, y del hemisferio derecho porque estimulas la visualización, la imaginación y la creatividad.

El hecho de que tus historias conecten con la mente inconsciente de las personas que te están escuchando y estimules su imaginación tiene ciertas similitudes con la hipnosis. A través de tus historias puedes conseguir que una persona entre en un estado de concentración y trance en el que suspenda todos los juicios que operan en su mente consciente y te será mucho más fácil trasladarle el mensaje persuasivo que has preparado para convencerle de algo. En resumen, a través de una historia puedes hacer llegar tu mensaje de manera mucho más eficaz que recurriendo al uso de la razón o la argumentación lógica.

Mientras escribo estas páginas está en la cartelera de los cines *Inside out*, el último éxito de la factoría Pixar, una película de dibujos animados sobre el apasionante mundo de las emociones que operan dentro del ser humano. He ido a ver ya la película y he de reconocer que el resultado me ha parecido fantástico. En poco más de hora y media y de forma aparentemente simple e infantil, explican cómo funciona el complejo sistema de emociones humano y de forma que sea divertido y comprensible tanto para los niños como para los adultos. ¡Genial!

Desde su primer gran éxito *Toy Story*, en 1995, Pixar cuenta con varios éxitos en taquilla y reconocimientos en la historia del cine, como podría en principio esperarse de una empresa que cuenta con Steve Jobs entre sus padres fundadores y con Walt Disney Company entre sus socios. ¿Cuál es el verdadero secreto de Pixar para crear historias que enganchen a su público? Emma Coats es una antigua escritora de historias para Pixar y ha logrado descifrar el "código secreto" que comparten todas las historias de esta productora de cine de animación. Si a ellos les funciona tan bien, te propongo que utilices su patrón que emplea la siguiente secuencia:

→ **1) Érase una vez...**

→ **2) Todos los días...**

→ **3) Un día...**

→ **4) Por este motivo...**

→ **5) Debido a ello...**

→ **6) Hasta que finalmente...**

Prueba a usar el patrón ahora con tu historia personal; comparto contigo el mío: "**Érase una vez** un tiendólogo llamado Marcos. **Todos los días** trabajaba con vendedores por las tiendas de todo el país. **Un día**, se dio cuenta de que los mejores vendedores utilizan técnicas que les hacen conseguir sus metas tanto profesionales como personales. **Por este motivo**, decidió recopilar todas estas técnicas y compartirlas con todas las personas que quisieran crecer en la vida y alcanzar sus metas. **Debido a ello** escribió un libro sobre estrategias de persuasión llamado *Convencer y persuadir ¡Es fácil!* **(Hasta que) finalmente** comenzó a compartir sus experiencias y fueron muchas las personas que pudieron comprobar que tener éxito en la vida es posible usando las técnicas del libro y que era mucho más fácil de lo que nunca habían pensado." ¿Qué te parece?

Una de las herramientas más utilizadas a la hora de contar historias es la metáfora. La **metáfora** (fuente *Wikipedia*) consiste en un tipo de analogía o asociación entre elementos que comparten alguna similitud de significado para sustituir a uno por el otro en una misma estructura. Una metáfora expone dos cosas en conjunto que permiten la sugerencia a compararse e interpretarse como un solo concepto. ¿De qué manera puedes echar mano de las metáforas para conseguir que tus historias sean más convincentes?

La forma más simple de crear metáforas es jugar a "Si fuera...", un mini concurso que si eres de mi generación recordarás del programa de TVE *¡Hola Raffaella!* en el que los invitados tenían que adivinar la identidad de un personaje famoso haciendo preguntas sobre qué o quién sería esa persona si fuera un animal, una cosa... Por ejemplo: "Si Juan fuera un animal sería un delfín por su inteligencia".

Los grandes vendedores utilizan mucho este "juego" y por eso pueden venderte un ordenador que es "el Rolls Royce de los ordenadores" o un coche explicando que "su motor ruge como un león", o mismamente mi hermano pequeño en su carnicería te vende un "solomillo tierno como una luna de miel"...

Una manera sencilla de trasladar tu mensaje a una persona, de forma que genere un fuerte poder de influencia y sin que sea consciente de ello, es crear un mensaje e introducirlo dentro de una historia haciendo que uno de los personajes de esa historia diga ese mensaje que has preparado para esa persona. Es como una cita de un personaje que no tiene necesariamente que ser real y que rodeada de todo el resto de la historia llegará camuflada a la parte inconsciente del cerebro de aquellos que te están escuchando.

Si quieres ser un buen contador de historias y que tus mensajes causen un gran impacto, debes cuidar muy mucho tu puesta en escena. Comunica a través de tu mirada, haz uso de las pausas y de los silencios y juega con la velocidad y el tono de voz empleado para darle mayor realismo y fuerza a tus relatos. Y, sobre todo, como ya has visto anteriormente, centra tu atención en todo momento en la persona o personas que están recibiendo tu mensaje, calibra las reacciones de tus oyentes para poder comprobar el resultado y el impacto en ellos de tu historia.

 Para que tus historias queden sólidamente grabadas en la mente de aquellos que las escuchan:

→ **Crea tus propias historias:** seguro que tienes experiencias personales o imaginación a raudales para crear y compartir buenas historias. A la gente le encantará que quieras compartir tus propias aventuras.

→ **Haz uso de las metáforas:** son la manera más simple y eficaz de estimular la imaginación del que te está escuchando.

→ **Cautiva a tu audiencia:** haz uso de todas las herramientas que te brinda tu voz y tu cuerpo para hacer más atractivas tus historias. Conviértete en un actor.

11
—

Capta su atención

«Satisface las necesidades
inconscientes de tus clientes
como la necesidad de sentirse
importante, valorado
y respetado.»

BRIAN TRACY

En el mundo del marketing y de la publicidad existe una ley no escrita que dice que, para lograr cerrar una venta, todos los mensajes deben cumplir con las premisas del **modelo AIDA**. Este modelo fue citado por primera vez por el publicista y abogado estadounidense Elias St. Elmo Lewis, en 1898. El nombre proviene de las iniciales de las cuatro etapas secuenciales en las que se estructura el modelo:

- **A**tención
- **I**nterés
- **D**eseo
- **A**cción

Para que tus mensajes sean persuasivos y logres convencer a otras personas de tus ideas primero debes ser capaz de captar su atención.

Por norma general prestamos atención a aquellas cosas que tienen que ver con nosotros mismos. Antes de presentar tus ideas, propuestas o productos debes tener muy presente que la persona que tienes delante, en cuanto empieces a hablar con ella, lo primero que va a hacer es preguntarse **"¿Qué gano yo con esto que me está contando?"**. En el campo de las ventas, esta pregunta suele ser reconocida por sus siglas en inglés WIIFM (*What´s in it for me?*). Todo lo que no tenga que ver con responder a esta pregunta en los primeros instantes de tu presentación estará limitando tu capacidad de generar atención en esa persona y con ello las opciones de que logres convencerla.

Al principio de este libro ya has visto la importancia de conectar con las personas a través del lenguaje no verbal del cuerpo, con la sonrisa y con la mirada de manera que crees una buena primera impresión. A partir de ese momento debes generar curiosidad. La mejor manera para lograrlo es a través de preguntas que actúen como un gancho y te ayuden a conectar con el pensamiento o la imaginación de esa persona. Son preguntas del tipo: "¿Puedes imaginarte...?", "¿Qué te parecería si...?", "¿Sabías que...?".

También puedes utilizar la sorpresa o el asombro para captar la atención de manera inmediata como hizo Bill Gates en el año 2009 al soltar un enjambre de mosquitos "presuntamente" transmisores de la malaria en una presentación TED sobre esta enfermedad delante de decenas de personas... Luego les tranquilizó asegurando que eran mosquitos comunes.

Una vez has logrado captar la atención de esa persona, el siguiente paso será despertar su interés hacia lo que puedes ofrecerle. Recuerda que estás hablando al cocodrilo y al caballo que lleva dentro de su cerebro esa persona. Ese cerebro primitivo solo está interesado en sí mismo, en su supervivencia y en los instintos más primarios (alimento, seguridad, sexo). Por el momento, evita dar largas argumentaciones y demostrar las bondades de lo que pretendes aportarle a esa persona y céntrate solo en ella. Usa preguntas abiertas y recopila toda la información posible. Háblale de él o de ella en lugar de hablar de ti y de tus productos o ideas. El verdadero objetivo de esta etapa es demostrar tu interés por esta persona e identificar necesidades que pueda satisfacer si acepta tu propuesta.

Si mantienes la atención de la persona que quieres convencer y has generado interés en ella a través de la detección de alguna necesidad, es cuando puedes empezar a darle argumentos para estimular su deseo de elegir tu propuesta como la mejor para satisfacer su necesidad o resolver sus problemas. Cuídate mucho de abrumarla con características del producto o con tu manera de pensar y lo que tú harías. Es demasiado complicado llegar hasta esta fase del proceso como para tirarlo todo por la borda por un exceso de verborrea o por querer demostrar todo lo que sabes. Háblale siempre en términos de los beneficios que obtendrá si hace caso de lo que tú le estás proponiendo. Son esos beneficios los que alimentarán el deseo de tu interlocutor.

—

El objetivo último de la persuasión es generar acción. Las empresas no viven de decisiones o de intenciones de compra.

La última de las fases del modelo AIDA requiere que la persona acepte la idea que le has propuesto o compre el producto que le estás ofertando. Muchos vendedores fracasan en esta última fase del proceso por no estar atentos a las señales que el cliente les está mostrando y pierden la opción de la venta. Ya sabes que, para convencer a alguien, tu atención y tus cinco sentidos tienen que estar pendientes de la persona con la que estás hablando. Tan pronto detectes una señal para cerrar el proceso ¡aprovéchala! Los mayores errores en esta última fase suelen ser perder la atención en la otra persona y no detectar las señales de cierre del proceso y el miedo a hacer propuestas de cierre por temor a recibir una contestación negativa. En mi libro *Vender poderosamente* (Amat, 2015) doy varias opciones para mejorar todos estos puntos.

Puede parecer un proceso complejo y rígido al verlo así expuesto pero si te pones a practicarlo y lo interiorizas en tu manera de actuar verás que puede ser extremadamente simple, ágil y eficaz. Ten en cuenta que la mayoría de los anuncios que ves en la televisión cumplen con el modelo AIDA y tan solo cuentan con unos pocos segundos. El experto en comunicación Carmine Gallo expone cómo crear un mensaje eficaz en tan solo tres pasos y utilizando únicamente 15 segundos:

→ **Crea un titular tipo Twitter (menos de 140 caracteres):** para ello responde a la pregunta, ¿qué es lo más importante que deberían saber sobre tu idea o producto?

→ **Apoya tu idea con tres beneficios:** describe cuáles son los principales beneficios de tu producto o idea para la persona que te está escuchando.

→ **Refuerza cada uno de los tres beneficios anteriores con ejemplos, historias o cifras:** será suficiente con algunas aportaciones que ayuden a argumentar los beneficios. Ten en cuenta que la explicación total no debe exceder los 15 segundos.

 Coge lápiz y papel y empieza a practicar ahora mismo con una idea que quieras transmitir para convencer a alguien:

- **¿Qué es lo más importante de tu idea/producto?** Ten en cuenta la *regla del tuit* y reduce el texto a un máximo de 140 caracteres; si eres incapaz de conseguir explicar brevemente y con claridad tu idea necesitarás una mayor reflexión sobre la misma.

- **¿Qué beneficios le reportará tu idea/producto?** (Mínimo 3, máximo 4) Usa la siguiente estructura: *qué haces+para quién lo haces+qué les aporta.* Por ejemplo, cuando me presento como *tiendólogo* digo que me dedico a "inspirar a vendedores (qué) para que disfruten con su trabajo (para qué) y mejoren sus resultados de venta (qué les aporta)".

- **Escribe el párrafo completo que debería decir si fuera un anuncio de televisión o radio.** Es importante que escribas tus ideas porque al escribir tus pensamientos éstos se graban profundamente en tus estructuras neuronáles y la percepción de aquellas cosas en las que crees gana en claridad en tu mente y eso te ayudará a transmitirlas con mayor credibilidad.

12

Sácale partido a las palabras

«...volveremos a ser los primeros. Y no los primeros *si*, los primeros *pero* o los primeros *cuando*, sino los primeros y punto.»

JOHN F. KENNEDY

Dice Rafael Echeverría en su libro *Ontología del lenguaje*, que las personas, a través del lenguaje, nos convertimos en creadores de nuevas realidades. El lenguaje, por tanto, nos permite distinguir aquello que nombramos; la interpretación de las palabras nos permite actuar de formas diferentes.

Al usar las palabras para describir, afirmar o argumentar, tan importante es el contenido como la forma y la posición que ocupan las palabras dentro de una frase; no percibes lo mismo si te digo: "Este abrigo es caro pero bonito" o "Este abrigo es bonito pero caro". Mismas palabras, en distinto orden, pueden afectar a la predisposición de comprar ese mismo abrigo. Los políticos y los periodistas son verdaderos maestros a la hora de jugar con el orden de las palabras y colocarlas para influir en la mente de millones de personas.

Debes conocer **tres simples palabras** que te ayudarán a la hora de exponer tus argumentos de la manera más impactante posible. Esas tres palabras "casi" mágicas son:

→ **Pero:** está considerado como el borrador universal. Esta palabra tiene la extraña propiedad de borrar todo lo que hayas dicho delante de ella. Seguramente recuerdas muchas ocasiones en las que alguien te ha dado su opinión sobre ti o sobre algunas de tus ideas y cómo tu cuerpo se ponía en tensión cuando oías de boca de la otra persona el fatídico "pero...". Cuando alguien te dice que "admira tu simpatía pero..." sabes que estás a punto de recibir una crítica que te hará olvidar la primera parte de la frase con la que tan feliz estabas. Conociendo las propiedades de esta palabra, puedes usarla en tu propio beneficio, por ejemplo a la hora de rebatir objeciones. Puedes recibir la objeción y borrarla literalmente de la conversación incluyendo un aspecto positivo justo después del "pero"; de esta forma estarás potenciando los aspectos positivos de tus ideas o productos sin entrar a discutir los argumentos de la otra persona.

→ **Y:** tiene una fuerza especial para conseguir persuadir cuando combina más de una orden. Así, por ejemplo, "Levántate y tráeme un vaso de agua" suele ser más probable que se acepte que si simplemente solicitas "Tráeme un vaso de agua". Esto es debido a que la mente de tu interlocutor esta recibiendo dos instrucciones al mismo tiempo y eso hace que se sature su nivel de procesamiento. Al no saber a cuál de las dos peticiones se negará primero, decide cumplirlas.

→ **O:** en principio sabes que se utiliza cuando se plantean diferentes alternativas entre las que elegir ("prefieres esta o aquella") pero en mi día a día en las tiendas he podido apreciar que la "o" puede tener también un poder aditivo y ayudarte a incrementar las ventas de tu negocio. Para ello debe ir acompañada de la palabra "también". Por ejemplo, cuando alguien se acerca a la caja en el momento de pagar el vendedor astuto utiliza esta frase: "¿Te vas a llevar solo este pantalón o te pongo también estos calcetines?". Esto es debido a que cuando tenemos que elegir entre dos alternativas y ninguna de las dos es claramente preferida, solemos quedarnos con la última. Para tener aún mayor probabilidad de éxito utilizando esta estratagema te recomiendo que des más fuerza a la entonación del final de la pregunta, con lo que estarás enfatizando que elija llevarse también los calcetines. Pruébalo y me cuentas... ;o)

13

—

Dilo en positivo

«Una palabra mal colocada
estropea el más bello
pensamiento.»

VOLTAIRE

Ya has empezado a descubrir la importancia que tiene el lenguaje y las palabras que usas para convencer. Ahora quiero enseñarte una serie de palabras que te aconsejo que medites seriamente eliminar de tu vocabulario personal de persuasor profesional. En general son todas aquellas que pueden tener connotaciones negativas y que pueden bloquear la conversación con otras personas.

Debes evitar el uso de la palabra "no" y todas las negaciones. Nuestro cerebro no puede procesar el no en forma de imágenes. Prueba tú mismo con la siguiente frase: "No pienses en un perro verde". Lo que habrás hecho será imaginar un perro de color verde y luego borrarlo de tu imaginación. De la misma forma cuando le pides a alguien que no haga tal o cual cosa le estás haciendo que piense en esa acción y además no le estás dando la alternativa de lo que sí quieres que haga. ¿Alguna vez te han dicho "ten cuidado y no tires el agua" cuando llevabas un vaso de agua en la mano y se te ha caído? Por lo tanto, sustituye el no por lo que quieres que piense, imagine o compre la otra persona. El mejor ejemplo de ello es cuando alguna persona le dice a otra "¡No te preocupes!". En ese momento la mente de esa persona empieza a imaginarse toda una larga serie de historias sobre las que podría tener que preocuparse.

Olvida toda la negatividad a la hora de hablarle a la persona a la que quieras convencer. Algunos ejemplos de frases con alto componente de negatividad serían: "Voy a robarte solo un minuto", "No quiero molestar", "No te engaño". Todas estas expresiones evocan en la mente inconsciente de esa persona todo lo contrario de lo que pretendes. Sirve de poco hablarle al otro de molestias, problemas y demás tipo de justificaciones no pedidas por su parte. Ya sabes el refrán que dice: *"Excusatio non petita, accusatio manifesta"*.

Puede que quieras ser cortés y educado con una persona cuando le pides "disculpas por la molestia", pero sin darte cuenta estás manifestando una posición de debilidad o inferioridad ante esa persona mediante la palabra "disculpa" y evocando el concepto de molestia en su cabeza. Esto no te deja en una buena posición para empezar a negociar o para conseguir convencerla de tus ideas. Puedes ser igualmente educado en la forma de pedir permiso diciendo: "¡Hola! ¿Podemos hablar ahora un momento? Tengo algo importante que comentar contigo". De esta forma estás solicitando su atención, de forma muy educada y no estás quedando en posición de inferioridad ni evocando conceptos negativos en la mente de la otra persona.

Si quieres obtener un resultado positivo en la conversación con una persona, poco sentido tiene presentar un enfoque negativo ¿no crees? Tu lenguaje no es inocente y muchas veces puedes no ser consciente de lo que tu mente inconsciente te hace decir (porque realmente lo piensas...); sin embargo, ten en cuenta que la mente inconsciente de la persona que está escuchando lo que dices interpreta de una manera rapidísima todos los mensajes que tú transmites.

Para trasladar mensajes en positivo:

→ **Elimina el "no" de tu vocabulario:** el cerebro humano ignora las negaciones, sobre todo si están colocadas al inicio de la frase.

→ **Utiliza palabras positivas:** de esa forma evitarás trasladar al inconsciente de la otra persona que piense en algo que pueda preocuparle o molestarle.

→ **Sé educado sin parecer débil:** puedes conseguir la atención de otra persona sin necesidad de excusarte desde el primer momento de la conversación.

14

—

Explica el porqué

«Aquel que tiene un porqué
para vivir se puede enfrentar a
todos los 'comos'.»

FRIEDRICH NIETZSCHE

Imagina que después de toda una jornada de trabajo llegas a la estación del tren y te encuentras con una cola de más de veinte personas para sacar su billete y faltan menos de cinco minutos para la salida del tren que te lleva a tu casa. Ante esa situación tienes dos alternativas, esperar pacientemente en la cola y con ello coger el siguiente tren que sale dentro de media hora o tratar de saltarte a todas las personas que tienes por delante... ¿De qué forma podrías convencer a todos los que te preceden en la taquilla y salir en cinco minutos en busca de tu merecido descanso? La respuesta es sencilla: dándoles una justificación para que te dejen pasar empezando por "porque...".

La psicóloga de la Universidad de Harvard Ellen Langer y su equipo plantearon un experimento similar con los alumnos que esperaban su turno para hacer uso de la fotocopiadora del centro. Para esta prueba, presentaron tres alternativas:

- La primera alternativa consistió en solicitar educadamente permiso sin dar ninguna razón en particular para adelantar a los que estaban esperando: "Perdone, tengo 5 folios. Me gustaría utilizar la fotocopiadora, ¿puedo?". El 60% de los preguntados aceptaron la propuesta educada aunque no justificada.

- En la segunda opción, los investigadores esgrimieron una justificación tan peregrina como la siguiente: "Perdone, tengo 5 folios. Me gustaría utilizar la fotocopiadora porque tengo prisa, ¿puedo?". Aumentando notablemente la efectividad de su petición ¡hasta un 94%!

- Pero lo mejor estaba por descubrirse al utilizar la tercera alternativa donde la explicación que daban no era realmente ninguna explicación pero incluían el "porqué" como palabra mágica: "Perdone, tengo 5 folios. Me gustaría utilizar la fotocopiadora porque tengo que hacer algunas copias, ¿puedo?" En este caso, la proporción de personas que aceptaron la propuesta fue prácticamente la misma que en el caso anterior (93%).

La conclusión del estudio es que da igual la razón que des, ya que al oír la palabra "porque" el inconsciente asume que hay una razón detrás, con independencia de la solidez de la misma. En un desarrollo posterior del experimento también se demostró que la fuerza del "porque" va perdiendo intensidad en función de lo que ponen en juego las personas a las que se les pide el favor (por ejemplo, si les decían que iban a hacer un número considerable de fotocopias).

Por otra parte, también se ha demostrado que cuando solicitas a una persona la razón por la que hace las cosas aumenta su compromiso con las acciones que tiene encomendadas o que pretende llevar a cabo. Una pregunta que utilizo muy a menudo en mis procesos de *coaching* es "¿Para qué quieres eso?" en relación a los objetivos. En este caso creo que es más potente el "para qué" que el "por qué", porque permite abrir la mente al futuro en lugar de concentrarse solo en meras justificaciones.

Por tanto, si quieres maximizar las posibilidades de que alguien te conceda un favor, te regale su esfuerzo o su compromiso:

→ **¡Pregunta!:** el no ya lo tienes...; a veces, tampoco hace falta comerse mucho la cabeza porque ya ves que la razón de que acepten tu propuesta depende más de usar la palabra "porque" que del verdadero porqué de las cosas.

→ **Ofrece alguna razón:** ya has visto que tus opciones de éxito se multiplican considerablemente.

→ **Hazles ver el para qué:** el compromiso de las personas se incrementa con la claridad de su visión personal y de la misión asociada a ella.

15

Inspira a tus seguidores

«El corazón tiene razones que
la razón no entiende.»

¿Qué tienen en común los grandes líderes? ¿Cuál es el secreto de marcas y empresas que consiguen que sus clientes se conviertan en sus fans? ¿Cómo conseguir inspirar a otras personas y que se conviertan en tus seguidores? En 2009, Simon Sinek ofreció una charla acerca de la inspiración de los líderes, *Cómo los líderes inspiran para la acción*, que se convirtió en la tercera charla de TED más vista, en la que explicaba su idea de *El círculo dorado*: un patrón biológico que, según él, explica por qué nos inspiran algunos líderes y organizaciones y por qué otros no.

Según Sinek, todos los grandes líderes y las grandes compañías del mundo hacen algo que los diferencia de todos los demás, que es el saber por qué hacen lo que hacen; cuál es su propósito, cuál es la razón para levantarse cada mañana. La gran diferencia radica en que la gran mayoría de las empresas y personas se comunican de afuera hacia adentro del círculo mientras que las personas y empresas extraordinarias lo hacen de adentro hacia afuera (Por qué – Cómo – Qué). La clave está en que la gente no compra lo que haces sino el porqué lo haces.

Si analizas el ejemplo de Apple versus otras compañías, informáticas lo entenderás mejor. Otras empresas dicen: fabricamos computadoras geniales (Qué), bien diseñadas y fáciles de usar (Cómo) porque somos una empresa líder en el sector (Por qué). En cambio, Apple comunica así: creemos en el pensamiento diferente (Por qué) y desarrollamos productos bien diseñados y fáciles de usar (Cómo), sencillamente hacemos computadoras geniales (Qué). Diferente, ¿verdad? ¿Cuál te suena más inspirador?

Simon Sinek explica que los líderes o empresas exitosas son los que saben comunicar muy bien el porqué hacen las cosas, y expone que "hay que hablar de adentro hacia afuera, donde se maneja el comportamiento humano, sin palabras, solo con emociones". La explicación que está detrás de su propuesta tiene que ver con lo que tú ya sabes sobre la configuración del cerebro humano:

CÍRCULO DE ORO DE SIMON SINEK Y EL CEREBRO HUMANO

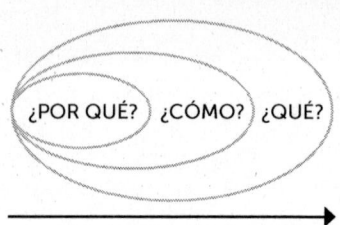

El "Por qué" está relacionado con el cerebro reptil y el límbico que son los que controlan los instintos y las creencias.

¿POR QUÉ? ¿CÓMO? ¿QUÉ?

El "Cómo" se dirige al cerebro límbico, que controla los sentimientos.

DIRECCIÓN EN QUE TOMAMOS DECISIONES

El "Qué" se comunica con el cerebro neocórtex que es el que dirige el pensamiento analítico y racional.

Por eso es tan importante, como ya bien sabes, cautivar y persuadir a las personas a través de las emociones antes de empezar a dar razones y explicaciones que serán desechadas por la parte menos racional de la persona que tratas de convencer. Según esta teoría, si logras conectar bien con el porqué, tendrás muchas más opciones de conseguir aumentar tu poder de convicción y convertirte en un verdadero líder. Para ello:

→ **Empieza por el porqué:** define primero la razón nuclear por la que haces las cosas y que crees que puede ser inspiradora para los demás.

→ **Conecta con el corazón:** el verdadero corazón que toma las decisiones no está en tu pecho sino en la parte del cerebro que gestiona las emociones.

→ **Estructura tu estrategia siguiendo** *El círculo dorado*: escribe tu estrategia y memorízala. Recítala cada vez que te pregunten a qué te dedicas.

16

—

Da para recibir

«Da lo que tienes para merecer
recibir lo que te falta.»

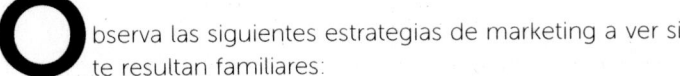

Observa las siguientes estrategias de marketing a ver si te resultan familiares:

- Regalar un pequeño obsequio por correo.
- Ofrecer muestras gratuitas de producto en un supermercado.
- Recibir una felicitación por el cumpleaños con un descuento en la próxima compra.

Seguro que has podido experimentar en múltiples ocasiones el efecto de estas propuestas, que no es otro que el de corresponder al presunto regalo con la compra de uno de los productos que ofrece esa empresa. El mismo efecto tiene cuando alguien te hace un favor, aunque no lo hayas pedido, y te entra la sensación de sentirte en deuda con esa persona.

Ello es debido, según demuestran estudios sociológicos y antropológicos, a la norma socialmente extendida entre los seres humanos de devolver, de alguna manera, los favores que recibimos. Todos somos educados y observamos el funcionamiento de esta norma mientras crecemos y aprendemos que aquellos que no cumplen con ella pueden ser rechazados socialmente (los que no cumplen con ella pueden ser vistos como gorrones).

Existen multitud de estudios que corroboran la enorme potencia de la **reciprocidad** (que es como se conoce este efecto) como arma de persuasión. Por ejemplo, el psicólogo D. Strohmetz demostró que cuando el camarero de un restaurante ofrecía unos caramelos junto a la cuenta de la consumición, el valor de las propinas que dejaban los clientes se incrementaban en un 23%. En otro estudio, el psicólogo D. Regan comprobó que las personas a las que se les invitaba a un refresco (aun sin haberlo solicitado) durante una exposición de pinturas, al ofrecerles posteriormente unas rifas para el sorteo de un vehículo adquirían el doble de boletos que las que no habían sido invitadas.

Otra forma de hacer uso de la reciprocidad es realizar una petición que sea rechazada para conseguir que se acepte una segunda propuesta que desde un primer momento querías que fuera aceptada. El efecto de la reciprocidad en este caso está en saldar la "deuda" correspondiendo a la concesión que haces a esa persona pasando de la primera a la segunda propuesta. En el argot de la venta esta estratagema recibe el nombre de "portazo en la cara".

Para que la reciprocidad tenga efecto olvídate de responder con frases hechas del estilo "de nada" o "no tienes que agradecérmelo" cuando alguien te agradezca un favor por algo que le hayas hecho o regalado; de esta forma estarás borrando de un plumazo en el inconsciente de la persona a la que quieres persuadir el deber de corresponderte. La mejor respuesta a su expresión de agradecimiento es: "sé que tú harías lo mismo por mí". De esta forma habrás conseguido grabar a fuego en la mente de esa persona que te debe una y que tendrá que devolvértela en cuanto le sea posible.

Si quieres conseguir algo de otra persona puedes estimular su sentimiento de deuda contigo con pequeños obsequios o favores. Puedo asegurarte que la predisposición a ser más receptivo con tus propuestas aumentará exponencialmente. Para ello:

→ **Plantéate los favores en términos de inversión:** todos los favores que vayas sembrando traerán sus frutos en el futuro.

→ **Aprovecha el rechazo:** cuando una primera propuesta sea rechazada abre las puertas a que una segunda opción ligeramente inferior pueda ser aceptada.

→ **Da valor a tus regalos:** utilizando palabras como "gratis" o "nada", reduces el sentimiento de recibir algo a cambio de tus obsequios o favores.

—

17
—

Dalo por hecho

«Voy a hacerte una oferta
que no podrás rechazar.»

Don Vito Corleone, en El Padrino

El primer paso para convencer a alguien es convencerte a ti mismo y tu propio convencimiento lo expresas a través del lenguaje que utilizas. Si confías plenamente en ti y en tu capacidad de persuadir, debes expresarte de forma segura y trasladando esa seguridad al transmitir tus ideas y argumentos a otras personas.

Presuponer significa asumir o dar por cierto algo. Los maestros de la persuasión dominan el arte de usar las presuposiciones para guiar a las personas hacia el objetivo que quieren lograr. Estas presuposiciones te servirán para, por ejemplo, dar por descontado que la persona a la que quieres convencer está dispuesta a hacerte caso. La forma de hacerlo: el uso correcto, suave e indirecto del lenguaje. Esta herramienta puede ser de gran utilidad sobre todo en el momento de llegar al cierre de un acuerdo o de pasar a la fase de acción del modelo AIDA que te comentaba en el capítulo 11.

El mayor enemigo a la hora de cerrar acuerdos es el uso del tiempo condicional. Cuando comienzas una frase con el "si..." estás haciendo una presuposición pero en sentido negativo; lo que estás logrando es transmitir duda. Un ejemplo claro de este patrón que veo de continuo en mi trabajo en tiendas es la frase: "Si encuentras alguna cosa que te gusta, avísame". De esta manera el vendedor está trasladando al cliente la posibilidad de que encuentre algún producto que le apetezca... o no. El objetivo, precisamente, del uso de las presuposiciones es que des por hecho que encontrará no solo "alguna cosa" sino varias que le gustarán y que querrá comprar.

Éstas son algunas palabras que debes usar para dar por hecho que tus propuestas son las mejores y no podrán rechazarlas:

- **Cuando:** usando esta palabra estás dando por descontado que, antes o después, sucederá la acción a la que te estás refiriendo. En el ejemplo anterior sería: "Cuando encuentres lo que te gusta, avísame", dando por hecho que antes o después lo acabará encontrando.

- **Cuánto:** similar al anterior, referido a la cantidad. Cuando lo hayas usado en unas cuantas ocasiones, te darás cuenta de cuánto puedes incrementar tu nivel de persuasión. ¿Lo pillas?

- **Qué:** da por hecho que hay algo de que hablar. Mira cómo cambian estas dos frases que parecen decir lo mismo: "¿Quieres algo de comer?" y "¿Qué quieres para comer?". Muy diferente, ¿no crees?

- **Cómo y dónde:** similares a los dos anteriores pero referidos al modo y al lugar. Ejemplos de ambos serían: "¿Dónde quieres que te lo envíe?" (dando por supuesto que hay algo que enviar) o "Dime cómo prefieres organizar la fiesta" (asumiendo que la fiesta se hará sí o sí).

- **Todavía y ya:** estas dos palabras, introducidas debidamente en una frase, sirven para dar por hecho que, si aún no se ha llevado a cabo una acción, antes o después se hará. Seguro que alguna vez durante tus años de escuela has tenido una conversación de este tipo:¿Ya has hecho los deberes? Todavía no... Tanto el niño como su madre tienen claro que esos deberes quedarán hechos, ¿verdad? También puedes usarlas junto con las palabras anteriores para dar un mayor énfasis o presión en el tiempo en el que se lleven a cabo las acciones. Por ejemplo: "¿Ya has decidido cuántas cajas quieres que te envíe?".

Otra manera de hacer uso del poder de las presuposiciones es mediante **preguntas de doble elección**. En los años de la Inquisición se utilizaba una prueba para determinar si las mujeres acusadas de brujería debían o no ser ajusticiadas. Para ello tiraban a la presunta bruja al agua; si se hundía entonces no era una bruja y si flotaba entonces era quemada en la hoguera... Algo parecido pero con un sentido menos macabro es lo que se consigue usando las preguntas con dos (y solo dos) posibles respuestas. Mira un ejemplo: "¿Prefieres la camisa roja o la verde?". Con esta forma de preguntar estás dando por hecho que va a llevarse una camisa y lo único que queda por decidir es el color. También puedes usar este tipo de preguntas para darle mayor fuerza unida a las presuposiciones de más arriba. Por ejemplo: "¿Dónde prefieres ir de vacaciones? ¿A la playa o a la montaña?". Presupones que irá de vacaciones y cierras las opciones a esas dos propuestas.

Un elemento que sirve para darle mayor fuerza a las presuposiciones que utilices es el uso de las **muletillas interrogativas** al final de las preguntas. He estado utilizando algunas en este capítulo aunque puede que te hayan pasado desapercibidas. Este tipo de muletillas son preguntas breves que se añaden al final de una afirmación para hacer más fácil el acuerdo. Así, puedes encontrar en las páginas anteriores "¿lo pillas?", "¿verdad?", "¿no crees?". Seguro que ahora que te las he dicho te habrás dado cuenta de ellas, ¿no es cierto?

Una vez has hecho las preguntas correspondientes, en las que incluyes la presuposición implícita, no ocupes el espacio que le corresponde a la otra persona para dar tu propia respuesta a las cuestiones que le has planteado. El silencio puede resultarte incómodo y podría ser que por evitar esa incomodidad te lances a hablar antes de tiempo, echando por tierra todo el trabajo realizado.

Muchas veces, los silencios son más importantes que las propias palabras. En el campo de la negociación existe una máxima no escrita que dice que "el que habla primero sale perdiendo". Ten en cuenta que si a ti te resulta inquietante el silencio después de haber lanzado una pregunta, a la otra persona le sucede lo mismo pero con la presión añadida de que debe dar respuesta a la cuestión que tú le has planteado. La mayor parte de las veces este silencio abre la puerta a una decisión a tu favor y, cuando no sea así, abrirá la puerta a nuevas opciones que quedan aún por discutir. El proceso de decisión es totalmente de la otra persona, tú le has llevado ante la pregunta final pero la respuesta debe ser de él o de ella. Recuérdalo siempre.

Para ser exitosamente persuasivo tendrás que usar todas estas herramientas con asiduidad. La práctica y dominio de las mismas te posibilitarán una enorme ventaja a la hora de convencer a la gente. En las próximas ocasiones que quieras influenciar en las decisiones de alguien repasa si:

→ **Utilizas las estructuras de presuposiciones:** las mejores preguntas serán las que den por supuestas las respuestas.

→ **Usas preguntas para guiar la decisión del otro:** las preguntas de doble alternativa y las muletillas interrogativas te ayudarán a centrar a la otra persona sobre la mejor opción para ti.

→ **Respetas los silencios:** dale tiempo a la otra persona para que medite la decisión que tú le has ayudado a tomar. Para convencer del todo debe sentir como propia la decisión que tome.

18

—

Consigue el sí

«La verdad es lo que es,
y sigue siendo verdad aunque
se piense al revés.»

Antonio Machado

Con todo lo que ya sabes puedes considerarte una persona persuasiva. Eso significa que puedes convencer a quien quieras y cuando quieras. Cuando eres consciente de todo lo que sabes hacer te sientes bien. Porque te encanta persuadir, ¿verdad? Me pregunto si puedes recordar una de las veces en la que has logrado convencer a alguien. Y cuando lo estás recordando sabes que eres una persona con el poder de influir en los demás. Reflexionar sobre ello hará que te des cuenta de todo lo que eres capaz de hacer y conseguir.

¿Cómo te sientes al leer este texto? Está escrito teniendo muchos de los patrones del **lenguaje hipnótico** que utilizaba el hipnoterapeuta Milton Erikson con sus pacientes. Si te das cuenta, está escrito utilizando un lenguaje muy genérico e impreciso que lleva a que te concentres en tus propias experiencias y te comuniques con la parte inconsciente de tu mente. Te aconsejo que busques información sobre este tipo de lenguaje para ampliar tus conocimientos sobre el tema.

Una de las simples técnicas que utilizaba Erikson y que ahora quiero compartir contigo se conoce como *truismo* (del ingles *true*, que significa verdadero) o *yes set* y consiste en utilizar una serie de tres o más afirmaciones que son hechos verdaderos para introducir posteriormente el mensaje que quieres que llegue al inconsciente de la persona con la que estás hablando y lo tome también como verdadero. Los estudios científicos han podido contrastar que, después de siete u ocho respuestas afirmativas, la posibilidad de que la siguiente pregunta se responda también afirmativamente es muy alta. La razón de ello es que la parte inconsciente del cerebro humano es rápida tomando decisiones pero poco analítica; por eso, cuando considera que puede fiarse de una persona da por buena toda la información que le llega sin pensar demasiado sobre ello. Si a eso le unes la fuerza del lenguaje hipnótico, tendrás mucho camino andado para que consigas que den por buenas todas tus propuestas.

Muchas compañías de *telemarketing* utilizan esta técnica a la hora de vender a través del teléfono y la mayoría de los guiones de venta de las grandes compañías tienen en cuenta este patrón lingüístico y enseñan a usarlo a sus vendedores. 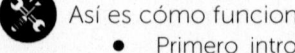 Así es cómo funciona:

- Primero introduce secuencialmente varias afirmaciones (al menos tres) que el cerebro inconsciente de la persona con la que estás hablando puede verificar fácil y rápidamente que son ciertas.

- Posteriormente, introduces la afirmación que tengas interés en que la otra persona perciba también como verdadera. Por ejemplo: "Estás leyendo este libro (primer sí) sobre técnicas de persuasión (segundo sí) escrito por Marcos Álvarez (tercer sí) que te servirá para lograr convencer a cualquier persona (afirmación no verificable... por el momento)".

 Para aplicar con éxito esta técnica:

→ **Selecciona el mensaje que quieres hacer llegar:** luego tendrás que buscar evidencias para "esconderlo" entre ellas.

→ **Utiliza frases simples para las afirmaciones verdaderas:** exprésalas con pocas palabras y que sean fácilmente verificables. Evita utilizar frases con juicios u opiniones personales (por ejemplo: un bonito día).

→ **Practica:** es una técnica muy simple de utilizar y de gran efectividad; el único secreto para ser un experto en ella es dedicarle tiempo a ensayarla y comenzar a ponerla a prueba.

19
—

Genera compromisos

«El compromiso es un acto, no una palabra.»

JEAN PAUL SARTRE

En el capítulo anterior has podido comprobar la fuerza que tiene encadenar varios síes consecutivos para convencer a las personas. Ahora verás que también puedes utilizar esas respuestas positivas para generar compromisos. Si logras dominar esta técnica, será muy difícil que puedan rechazar las propuestas que hagas relativas a los compromisos hechos. Esto es debido a que una vez que decimos algo públicamente nos cuesta mucho desdecirnos de nuestras declaraciones.

Recuerdo una compañía de venta de libros por catálogo que situaba sus *stands* en algunos centros comerciales. La pregunta con la que te asaltaban sus comerciales era: "¿Te gusta leer?" a la que era difícil contestar que no, bien para no quedar como una persona poco instruida o porque, como a ti y a mí, nos gusta tener un libro entre las manos. Después de contestarles que sí, ¿cómo puedes negarte a escuchar su propuesta comercial? La misma estrategia utilizan los voluntarios de ONG de animales maltratados, niños desasistidos... A fin de cuentas, ¿quién puede decir que no le gustan los animales o los niños o que no le gustaría acabar con el hambre en el mundo?

La estrategia de persuasión más utilizada basada en los arrebatos de coherencia con uno mismo es lanzar una serie de preguntas redundantes (o sea que la respuesta sea evidente) en dirección a la oferta final que quieras hacer y luego recoger todas las respuestas que haya ido dando esa persona para usarlas como sus "propios" argumentos para aceptar tu propuesta. Por ejemplo:

- ¿A ti te gusta la playa? ¿verdad? (Sí)
- ¿Te gustaría descansar unos días y salir de la ciudad? (Sí)
- Me dijiste que este año tendrías las vacaciones en agosto, ¿no?
- (Sí)
- ...
- Por eso he estado pensando que podríamos irnos en agosto a Palma de Mallorca, un par de semanas y así recargar baterías y olvidarnos del ajetreo diario de la ciudad, ¿qué te parece?

Algunos vendedores experimentados (y quizás sin muchos escrúpulos) utilizan una variante de esta técnica ofreciendo unas condiciones ventajosas de su producto hasta que logran convencer al comprador. Una vez convencido el comprador, resulta que por alguna "extraña" razón no pueden mantener esas condiciones (cambio de tarifas, error del catálogo, decisiones de la dirección...). Dado que esa persona ya consideraba suyo ese artículo o servicio le cuesta mucho dar marcha atrás en su decisión y acepta las nuevas condiciones aunque sea a regañadientes. He visto utilizar muchas veces este tipo de artimañas, por ejemplo, en la negociación de contratos de arrendamiento y en la venta de inmuebles.

 Para valerte del compromiso que obtengas de las personas que quieras persuadir:

→ **Prepara bien tus preguntas:** deben ir dirigidas en la misma dirección que la propuesta final que quieres hacer.

→ **Usa los argumentos que te vayan dando como gancho:** será muy difícil que puedan negarse a sus propias respuestas porque les haría sentirse incongruentes.

→ **Haz que escriban sus compromisos:** está científicamente demostrado que el hecho de escribir aumenta el nivel de compromiso (y más si es de puño y letra). Puedes comprobarlo incluso para hacer posibles tus propósitos de año nuevo.

20

Presenta unos buenos números

«Hay tres tipos de mentiras:
mentiras, grandes mentiras y las
estadísticas.»

BENJAMIN DISRAELI

Podrías pensar que una ciencia tan exacta como son las matemáticas no daría lugar a posibles juegos y estrategias a la hora de utilizar las cifras para persuadir y convencer a la gente. La realidad es que sucede todo lo contrario y es precisamente por el valor exacto que se le presumen a los números que presentar una información numérica de forma persuasiva tiene tanto impacto en tu manera de decidir.

La mayoría de las técnicas que quiero compartir ahora contigo se usan a diario en la televisión, en los consejos de administración de las empresas, en el Gobierno al presentar los datos económicos o en las tiendas en las que compras habitualmente. No quiere decir que los números que utilizan sean falsos pero la manera en que se presentan esas cifras puede hacer que parezcan más verdaderos.

Con respecto a los precios, el uso de números impares puede hacer que las ventas aumenten en más de un 200%, como demostró un estudio de los sociólogos Blattberg y Wisniewski. Además, diversas investigaciones han revelado que los precios terminados en 9 suelen ser los más efectivos. Algunos afirman que este efecto psicológico es causado porque inconscientemente asociamos el número 9 con descuentos y ofertas. La Universidad de Chicago y el MIT realizaron un experimento donde se elaboraron tres versiones de un catálogo. Cada una de las versiones del catálogo incluía un precio diferente para cada artículo: 34$, 39$ y 44$. El resultado: los artículos más vendidos fueron los del precio de 39$. Además, a la hora de decidir la compra de un producto, nos guiamos principalmente por el primer número que leemos empezando desde la izquierda. Por eso vemos tanta "diferencia" entre 7,99 € y 8,00 €. Ten en cuenta que ese descuento de una centésima puede hacer que un producto o una estrategia empresarial sea aceptada o rechazada. Increíble, ¿no?

En otras ocasiones, incrementar el precio de un artículo puede ser considerado como una muestra de que ese producto es de mayor calidad. Recuerdo en la tienda de alimentación familiar que tenían mis padres cuando era un niño, cómo en varias ocasiones en las que ofrecíamos artículos a precio rebajado no se vendían tan bien como cuando el precio era superior. R. Cialdini explica en su libro *Influencia* que esto es debido a que existe una correlación inconsciente y muchas veces instantánea entre los conceptos "bueno" y "caro". Muchas compañías del sector de la moda tienen en cuenta este factor a la hora de fijar sus precios y se cuidan mucho de ofrecer un precio bajo por miedo a que su clientela pueda pensar que la calidad de sus tejidos ha disminuido o porque un precio inferior pueda erosionar el valor de la marca.

Casi todas las artimañas persuasivas con relación a los números tienen que ver con la impulsividad del cerebro inconsciente a la hora de decidir. En general, esa parte de nuestra mente está acostumbrada a tomar decisiones de una manera rápida (recuerda que es la responsable de tu supervivencia) y una vez que determina que un patrón de decisión es válido no se plantea cuestionar esa forma de elegir.

Uno de esos patrones de decisión automáticos tiene que ver con la asignación de mayor valor a aquellas cosas que son escasas. El hecho de que una de tus ofertas esté limitada en el tiempo o en cantidad hace que su atractivo aumente. De ahí vienen los mensajes de "últimos días", "aproveche hoy esta promoción" o cuando nos dicen que la oferta estará disponible "hasta fin de existencias". Debido a esto, también tiene un importante efecto persuasivo el hecho de ofrecer una información, producto o servicio "en exclusiva". La exclusividad es la expresión última de la escasez.

Es muy importante tener en cuenta las palabras que acompañes junto a los números a la hora de transmitir tu mensaje. Por ejemplo, seguro que te viene a la mente algún producto que ofrecen en la televisión que tiene "un 20% más de calcio y vitaminas". La pregunta es: ¿un 20% más que quién? De la misma manera, muchas veces nos ofrecen descuentos de "hasta el 50%", lo cual no quiere decir que todo lo que queramos comprar esté a mitad de precio... ¡ni mucho menos!

Especialmente a tener en cuenta es el tema de los porcentajes. Por ejemplo, si el beneficio de una empresa el año pasado fue del 10% sobre su cifra de ventas y este año se ha incrementado ese beneficio en un 10%, no te están diciendo que el beneficio haya pasado a ser del 20% sino del 11% (el 10% más de un 10% es un incremento absoluto del 1% sobre la cifra de ventas). Te sorprenderías de la cantidad de discusiones que he podido presenciar en consejos de administración o con directores de ventas de grandes empresas en relación con este tema.

A la hora de decidir también nos importa –y mucho– lo que dice la mayoría. Tendemos a pensar que si muchos lo dicen será porque ésa es la propuesta buena. Por eso debes tener en cuenta esto a la hora de presentar tus propuestas y hacerlas mucho más sugerentes. ¿Preferirías comprar un pro-ducto dietético con un 15% de grasa u otro con un 85% libre de grasa?

Mi experiencia como consultor de negocios *retail* me ha enseñado que a la gente no le resulta fácil hacer cálculos matemáticos cuando tiene que decidir. Por eso, puede ser más atractivo fijar una rebaja del 50% sobre un precio, donde casi todo el mundo sabe que para obtener el precio final solo tiene que dividir entre dos lo cual es un cálculo muy sencillo, que otra del 70% donde los cálculos se vuelven un poco más complicados. Para ello, cuando quieras hacer propuestas en las que las operaciones matemáticas no sean ágiles te recomiendo que te adelantes y hagas tú los cálculos y presentes la cifra final y el descuento que estás ofreciendo. De la misma manera un 75% se entiende mucho mejor si lo presentas como "tres de cada cuatro", que es mucho más fácil de digerir por la mente inconsciente del que tiene que decidir.

Los grandes comunicadores saben que los números son un buen apoyo para sus presentaciones y más si están acompañados de gráficos e imágenes que resalten y enfaticen la fuerza de esas cifras. De la misma manera, también saben que la información numérica es mucho más difícil de recordar e impacta menos que una buena historia o una anécdota personal. Una buena forma de usar los números en las historias es transformar las cifras en algo que sea tangible. Por ejemplo, Steve Jobs en la presentación del iPod no se centró en la cantidad de megabytes que tenía el aparato en cuestión sino que dijo que el usuario de ese reproductor MP3 tendría en su bolsillo "más de mil canciones".

 Si quieres apoyarte en buenos números para hacer más sugerentes tus propuestas:

→ **Recuerda la psicología de los números:** usa cifras atractivas y revisa las palabras que las acompañan.

→ **Menos es más:** cuanto menos cantidad o tiempo para decidir más atractiva y valorada se vuelve tu propuesta.

→ **Crea historias con los números:** una buena historia arropando las cifras que quieres presentar puede ser ciertamente una combinación irresistible.

21
—

Dirige la conversación

«El papel más honroso en una
conversación corresponde al
que da la ocasión a ella y luego
al que la dirige y hace que se
pase de un punto a otro, pues
así uno dirige la danza.»

Sir Francis Bacon

Cuando quieres persuadir a alguien, debes tener siempre en mente qué es lo que quieres lograr y dirigir con mano izquierda la conversación de forma que la otra persona vaya avanzando hacia tu propuesta; todo ello sin que esa persona se sienta dirigida en ningún momento porque se dispararán todas sus alarmas y sus instintos de ataque o huida. Digamos que es como un baile en el que hay uno de los dos bailarines que de manera imperceptible lleva el mando y ambos se divierten y disfrutan del compás de la música que está sonando.

Habrá ocasiones en las que tu pareja de baile se distraiga de la conversación principal o te plantee posibles objeciones que puedan ocasionar que no se produzca el final feliz. En esos momentos es cuando debes demostrar tu solvencia para reconducir de nuevo la situación y volver "a pillar el paso". Cuando te encuentres con que la otra parte te presenta algún problema u objeción a tu propuesta, el tema no es si hay una objeción sino cómo salir de esta situación, ¿quieres saber cómo?

Realmente, acabo de transmitirte la forma de hacerlo. Voy a hacerlo ahora de manera más clara:

"El tema/problema no es..." (aquí pones su objeción) + "sino..." (aquí pones tu idea) + usa una pregunta para poner el foco en tu solución.

Las objeciones son vistas por muchos vendedores como su mayor enemigo porque entienden que son una barrera para cerrar un trato. Si aparecen estas posibles barreras es debido a que aún no has conseguido convencer del todo a esa persona con tus propuestas; la buena noticia es que puedes hacer uso de esa objeción para seguir recabando información. La peor solución con respecto a una objeción es ponerte a la defensiva y enfrentarte a la opinión de tu interlocutor; si lo haces, estarás despertando al cocodrilo que habita en su cabeza y disponiéndole para una batalla en la que tendrás poco que ganar. Recuerda que tu objetivo final no es tener la razón sino razonar con los otros para conseguir lo que quieres.

Cuando surja la objeción, primero mantén la calma y después utiliza esta fórmula mágica para reconducir la situación:

"Estoy de acuerdo contigo, y añadiría..." + ventaja de tu opción.

De esta forma la otra persona se siente escuchada al decirle que estás de acuerdo con ella y abres la puerta a poder dar nuevas razones sin generar una guerra reptil. También puedes combinar esta fórmula con el patrón anterior para ser aún más influyente. Ahí va un ejemplo:

Imagina que quieres ir de vacaciones y tu pareja te plantea que has elegido un destino muy caro. Podrías decirle: "Estoy de acuerdo con que el precio es alto y añadiría que el tema no es cuánto nos costaría el viaje sino cuánto disfrutaríamos de esos días de playa. ¿Cuándo te apetecería más ir?". Potente, ¿verdad?

Puedes dirigir con maestría tus persuasivas conversaciones cuando:

→ **Usas las objeciones como fuente de información:** aprovecha la señal que te están dando para hacerte con los datos que aún te faltan para decantar la balanza a tu favor.

→ **Mantienes la calma:** es poco inteligente contradecir la opinión de alguien a quien quieres convencer. Recuerda que el cliente siempre tiene razón.

→ **Reencuadras tu propuesta:** utiliza los patrones lingüísticos de este capítulo para reconducir las conversaciones hacia las opciones que tú planteas.

22

Transmite seguridad

«Los discursos inspiran menos
confianza que las acciones.»

ARISTÓTELES

Está demostrado que la autoridad tiene un fuerte poder de convicción, incluso cuando no estamos muy de acuerdo con la decisión que toma una persona a la que por su profesión, experiencia o cargo le concedemos ésa autoridad. El hecho de que "nueve de cada diez dentistas" afirmen que un dentífrico es bueno para tu salud bucodental puede hacer que tu estímulo de compra hacia ese producto se dispare. ¿Alguna vez has acatado una orden de tu jefe aunque sabías que estaba equivocado y no era la mejor decisión para la empresa? En el campo de la aviación existen varios casos en los que el copiloto, por no contradecir las órdenes del capitán, termina falleciendo con el resto del pasaje en la colisión del avión. El automatismo en la respuesta de tu cerebro hace que obedezcas de forma instintiva a las propuestas de aquellas personas a las que les otorgas credibilidad.

Cuando has tenido varias oportunidades de relacionarte con una misma persona (amigos, clientes habituales, pareja...) la credibilidad está asentada en tus acciones pasadas, pero ¿cómo puedes ganarte esa credibilidad cuando la persona que tienes delante no te conoce? La única manera de ganarte la confianza del que te está escuchando por primera vez es a través de tu lenguaje verbal y no verbal. Al principio del libro has visto varios ejemplos de cómo transmitir confianza con tu cuerpo, ahora verás cómo puedes hacerlo a través de las palabras.

Lo primero que debes hacer es hablar utilizando principalmente dos tiempos verbales: **el presente de indicativo y el imperativo.** Supongo que ahora te estarás dando cuenta de que la práctica totalidad del texto de este libro está escrito en ambos tiempos. Elimina de tu vocabulario palabras sin fuerza como "debería", "podría", "haría" y todas aquellas que tengan que ver con el uso del tiempo condicional porque lo único que consigues con ellas es generar dudas en la persona que te está oyendo y reducir el nivel de autoridad de tus palabras.

Por encima de todo, borra de tus labios la palabra "intentar" y todos sus derivados. Suelo decir que de todas las personas que me dicen que van a intentar hacer algo, la mitad no hace nada y la otra mitad está mintiendo. En mis procesos de *coaching* con vendedores y ejecutivos les repito continuamente que intentar es el primer paso de no hacer. Lo mismo sucede con la respuesta "creo que...". El creer está muy bien para la religión, pero en el campo de la persuasión o sabes o no sabes, con creer no es suficiente.

Entiendo que puede resultarte más educado acercarte a alguien diciéndole "quería decirte algo importante" que utilizar un seguro y mucho más asertivo "quiero decirte algo importante", pero da por hecho que desde la primera palabra que digas estás ganándote –o no– la credibilidad y la autoridad del que te está oyendo. De la misma forma te invito a que dejes de utilizar los diminutivos, pensando que así vas a ser mucho más sugerente. Esto puede valer para los niños o para los enamorados pero no para alguien como tú que quiere ganarse el respeto de la persona a la que quieres convencer. Por tanto, nada de "momentitos", ni "cositas", ni "poquito" si quieres parecer convincente.

Aumentas exponencialmente tu nivel de autoridad si:

→ **Comentas tu currículum:** la experiencia y las titulaciones son dos vías para abrir la puerta a la credibilidad.

→ **Hablas en presente:** también puedes usar el modo imperativo cuidando de que el tono de voz y el lenguaje no verbal no sea muy agresivo.

→ **Haces uso de la asertividad y la claridad en tus palabras:** vale más un no sincero que un sí embustero. Deja de intentar y creer y pasa a hacer y saber.

23

Presenta como
Steve Jobs

«La mayoría de las veces la gente no sabe lo que quiere hasta que se lo enseñas.»

STEVE JOBS

En una ocasión se hizo una encuesta en Estados Unidos sobre los mayores temores de la gente; el resultado fue que había más personas que tenían miedo a hablar en público que a la propia muerte. Conozco varios casos de importantes directivos a los que les cuesta horrores tener que dirigirse a un grupo numeroso de personas. Personas que en el cuerpo a cuerpo y en las conversaciones cara a cara tienen un fuerte poder de convicción pero que cuando tienen que afrontar la circunstancia de hablar ante un auditorio se derriten como un helado en una calurosa tarde de verano.

Tener la capacidad de expresar las ideas en público es una de las habilidades directivas más importantes de un gran ejecutivo pero también puede serlo para el que tenga que exponer su opinión en una reunión de vecinos o para el padre que quiera dar una charla en el colegio de sus hijos. Con todo lo que has ido conociendo a lo largo de este libro cuentas con herramientas más que de sobra para hacer una muy buena presentación en público: generar la confianza en ti mismo, dominar tu lenguaje no verbal, poner el foco en tu audiencia, manejar sugerentes patrones del lenguaje verbal... Además de todo ello, voy a enseñarte las técnicas del que para mí ha sido uno de los mejores comunicadores de las últimas décadas.

En internet encontrarás muchos discursos de Steve Jobs con varios millones de visitas. Te invito a que visiones algunos de ellos; además del famoso discurso en la Universidad de Stanford del año 2005, a mí me gusta especialmente el de la presentación del iPhone en la conferencia MacWorld del año 2007. Es genial como en cualquiera de estas, aparentemente simples, presentaciones Jobs utiliza un persuasivo estilo de comunicación con su sello personal que logra cautivar a su audiencia y estimula el deseo de los fans de Apple dirigiéndoles hacia la acción de compra de sus productos.

El primer paso para presentar cómo este gurú de la informática es tener claro cuál es el mensaje que quieres transmitir a tu audiencia. Como te señalaba en el capítulo 11, este mensaje debes poder mandarlo a través Twitter; con 140 caracteres es más que de sobra. Si necesitas más para contar tu idea es que aún no la tienes del todo clara. Ejemplos de este tipo de titulares utilizados por Steve Jobs en sus presentaciones son: "Hoy Apple reinventa el teléfono", durante la presentación del iPhone o "El portátil más delgado del mundo", en el lanzamiento del MacBook Air.

Para trasladar este mensaje con mayor impacto tienes que hacer uso de la pasión. Demuestra que el tema te entusiasma. Tus emociones y ese entusiasmo son contagiosos y tienes que usar la posición de autoridad que te da el estrado para hacérsela llegar con toda la fuerza a las personas que te están escuchando. Si realmente quieres inspirar a otras personas, debes empezar por buscar tu inspiración y encontrar el camino para compartirla con los demás.

Está comprobado que el cerebro humano recuerda mejor la información que se presenta en secuencias de tres elementos (¿cuál es tu número de móvil?...). Jobs, como otros grandes comunicadores (por ejemplo, Barack Obama) lo sabía y por eso priorizaba y simplificaba a tres las ideas principales que compartía con su audiencia. Usa la **regla del tres** en tus presentaciones; es una regla muy simple pero que dará mucha fuerza a tus ideas (1), trasladará claramente tu mensaje (2) y te hará ser mucho más convincente (3).

Trabajar con **metáforas** e historias era una de las partes fuertes de los discursos de Jobs. Habitualmente aprovechaba para hacer comparaciones con productos de la competencia o para describir las características de los nuevos productos de forma que fueran digeribles por cualquier persona, sin necesidad de ser un especialista en temas informáticos como, por ejemplo, las "mil canciones en el bolsillo" del iPod. Utilizando un patrón más propio de la comedia griega, Steve Jobs presentaba primero un problema a resolver y después daba la solución que su equipo de diseño había elegido, provocando el delirio entre sus seguidores.

Además, para mantener la atención del público durante toda la presentación incluía demostraciones de los productos, incorporaba invitados o intercalaba vídeos para no dejar que su audiencia se desconectará. Investigaciones sobre la actividad cognitiva dicen que cada diez minutos el cerebro humano se desconecta debido a la monotonía y al aburrimiento. Debes tener en cuenta estos tiempos e incluir estímulos para que el cerebro de los que te están escuchando permanezcan conectados como hacía Jobs.

El último punto fundamental de una presentación de Steve Jobs era la **simplicidad**. Para Jobs, las diapositivas eran un mero apoyo para lo que quería contar y nunca un elemento de distracción para el público. Recuerda siempre que el verdadero protagonista de la presentación eres tú y lo que tengas que contar.

Tú mismo puedes hacer fabulosas presentaciones en público si:

→ **Haces uso de la simplicidad:** decía Leonardo da Vinci que "la simplicidad es la máxima sofisticación". Prioriza las ideas y hazlas sencillas y comprensibles para todos.

→ **Comunicas con pasión:** cree en lo que vas a decir y trasládalo con emoción y encandilarás a cualquier público.

→ **Practicas, practicas y practicas:** Steve Jobs preparaba con meticulosidad todas sus presentaciones y revisaba todo lo que pudiera afectar a su discurso. Saber improvisar es un buen recurso pero, si quieres asegurar el éxito, te aconsejo que lo utilices solo en momentos muy puntuales.

Sobre el autor

Marcos Álvarez es *tiendólogo*, con una capacidad innata para inspirar y guiar a equipos comerciales hacia el éxito. Referente en sectores tan diversos como telecomunicaciones, textil, banca o gran distribución. Su capacidad para identificar oportunidades y su enfoque en la innovación son clave para el éxito de las organizaciones con las que colabora, donde lidera procesos de transformación y adaptación en el cambiante entorno competitivo del retail.

Adéntrate en su universo en **www.porbuencamino.com** o síguelo en RRSS: @tiendologo.